JN439523

박연화 수필집

봄, 여울목을 거닐다

봄, 여울목을 거닐다

박연화 수필집

1판 1쇄 인쇄/ 2022년 6월 15일
1판 1쇄 발행/ 2022년 6월 20일

지은이 / 박 연 화
펴낸이 / 우 희 정
펴낸곳 / 도서출판 소소리

등록 / 제300-2007-21호
주소 03073 서울 종로구 성균관로5길 39-16
전화 / 765-5663, 010-4265-5663
e-mail: sosori39@hanmail.net

값 13,000 원

*잘못된 책은 바꿔드립니다.

ISBN 978-89-97294-171-3 03810

봄, 여울목을 거닐다

박연화 수필집

늦가을 말미에서 보는 수필의 여울목

가을입니다. 겨울이 성큼 다가온 것 같은 늦가을, 얼마 안 되는 잎마저 하나 둘 떨어지는 해거름입니다. 낙엽 지는 오솔길을 혼자 걸었지요. 현란하게 고왔던 단풍은 간 곳 없이 차디찬 바람 모지 언덕에서 떨고 있는 산국화 꽃무리의 비정을 보고 싶었습니다. 잎이란 잎은 다 지고 난 후였지만 어딘가 남아 있을 가을의 이삭을 줍는 기분으로 하루를 보냈습니다. 무성한 덤불숲과 바람을 안아 올리는 갈대가 하나의 수필이었다는, 그리고 멀리 앙상한 나무의 까치집이 아련한 향수를 자아내는 것도 늦가을 정취였다는 생각 때문에.

갑자기 후두두 소리에 놀라 보니 낙엽 위로 빗줄기가 지나갑니다. 안 그래도 서러운 낙엽인데 빗줄기에 죄다 수장될 것을 생각하니 빈 가지를 휘감는 높바람이 더더욱 차갑습니다. 바닥에 떨어진 수많은 잎사귀, 빛바랜 잎이나마 몇 장 책 갈피에 넣지 않고는 조락의 아쉬움을 달래지 못할 것처럼 안쓰러웠던 기억. 구태여 가랑비 아니어도 차디찬 흙 속에 파묻혀 기억의 저편으로 사라질 것인데.

얼마 후 거기 서설이 쌓일 생각을 하면 마음이 따스해집니다. 새삼스럽게 잎 다 떨어진 나무를 바라보았지요. 뾰조록 돋아난 꽃눈이 사뭇 앙바틈해 보였지요. 겨우내 찬바람 맞고 아물리면서 봄이면 꽃을 피우게 될 촉입니다. 내 삶의 그루터기 역시 필경은 낙엽이 지고 그마저도 바람에 날린다 해도 그 자리에 돋아날 꽃눈을 생각하면 설렙니다. 겨울의 찬바람을 맞아야 하는 꽃눈처럼 어려움이 따른다 해도 그 다음 피어날 꽃은 내 삶의 풍경이라기에 손색이 없을 것이므로.

그렇게 글을 써 왔습니다. 춥기만 한 겨울도 봄이면 추억으로 남는 것처럼 힘들기만 우리 삶도 먼 훗날 어느 때는 아름다운 꿈으로 남을 거라는 소망도 간절해 옵니다. 부족하기는 해도 순수한 마음 바탕이라면 끝내는 아름다운 한 편 글로 남게 될 것을 소원해 봅니다. 봄을 기다리는 마음이라면 추운 겨울도 한결 따스해지듯 좋아하는 수필이 있는 한 내 삶은 언제나 무지갯빛 꿈으로 채색될 것을 믿으면서….

2022년 저자 박연화

▷ 차 례

1. 눈밭에 첫발자국을

2. 섬돌 있는 집

3. 여름날에

4. 청미천의 하루

1.

눈밭에 첫발자국을

고수레의 진정성

오랜만에 절친들을 만났다.

오래전부터 알고 지내온 사이로 여자들은 물론이고 남편과 아이들까지도 스스럼없이 어울려 지낸 터였는데 모처럼 날을 잡았다. 한 친구가 뜰이 넓은 집으로 이사를 하면서 집들이에 초대를 받은 것이다.

전형적인 전원주택이다. 온갖 나무가 우거진 정원 뒤로 산이 병풍처럼 둘러쳐져 있고 앞으로는 옥 같은 계곡물이 흐른다. 멀리 푸른 하늘과 떠가는 구름과 어우러져 한 폭의 산수화를 연상할 정도로 아름답다.

모두들 주변의 풍광에 빠져들어 집안으로 들어갈 생각은 않고 뜰을 서성이고 있다. 나 역시 이러한 시골 경관을 좋아하는 사람으로서 이모저모 열심히 들여다보노라니 참으로 고풍스럽다. 집안에 꾸며 놓은 모든 가구며 살림 집기를 보니 대부분 나와 비슷한 취향이었다. 집안의 가구 대부분이 눈에 띄게 번쩍이는 것도 아니면서 은근한 분위기를 풍기는 것도 특이했다.

국화차를 내올 때 보니 찻잔이 바로 방짜 유기 놋그릇이다. 비싸기도 하겠지만 무엇보다 그 빛깔이며 디자인이 요란스럽지 않고 소박한 가운데 정스러운 분위기를 풍기는 게 무척 인상적이었다. 얼마 후 식사가 나왔는데 접시와 주발대접 또한 도자기 일습이었다. 그릇도 그릇이려니와 순박한 음식이라는 게 눈길을 끈다. 마당에 차려놓은 점심 식사는 풍성하다. 맛깔스러운 쌈장을 기본으로 가지각색 상추를 곁들였다. 이를테면 석쇠에 잘 구운 꽃등심을 상추에 싸먹는 쌈밥정식이다.

그 순간 내가 왜 고수레를 제안했는지 지금도 어처구니가 없다. 쌈밥정식은 어디서나 흔히 먹는 메뉴였으되, 그 외에 청포묵과 메밀 빈대떡 그리고 잡채며 생선을 두루 펼쳐 놓은 것이 어느 한식정식으로의 거창하게 차려진 모습에서 놓고 보니 그냥 먹기가 아까운 생각이 들었던 걸까. 그보다는 모두가 기다렸다는 듯이 찬성하며 밥 한 술 반찬 한 점씩 집어 풀밭에 혹은 돌

무더기에 던지며 이 집의 안녕과 가족의 평안을 기원하며 식사를 시작할 때 나는 솔직히 무거운 심정이었다. 그보다는 지금이 자리에 같이 오지 못한 남편을 생각하며 텃밭에 오늘 꼭 소독을 해야 된다는 것에 아쉬움이 들었다.

고수레에 관한 속신은 고씨(高氏)라는 성을 가졌던 여인의 넋을 위로하는 이야기로 전개되는 것이 일반적이다. 의지할 곳 없는 고씨라는 노파가 들에서 일하는 사람들의 호의로 끼니를 이어가며 연명하였다. 얼마 뒤 고씨 노파가 세상을 떠나자 들일을 하던 사람들은 죽은 고씨 노파를 생각하고 음식을 먹기 전에 첫 숟가락을 떠서 "고씨네!" 하고 허공에 던져 혼을 위로하게 되었다고 하며, 그 뒤로 이 행위가 전국에 퍼졌다는 게 전설의 내용이다.

가끔 고수레는 밖에서 혹은 들에서만 하여야만 하는 것일까라는 의구심이 들지만, 이웃에서 제사 음식을 보내왔을 때, 음식의 일부를 떼어 밖으로 던지는 것도 '고수레'라고 했던 것을 보면 그게 전부는 아닌 듯싶다. 나 역시 밭에서 일하시는 어머니를 위해 새참을 내가면 늘 밥 한 숟갈을 떠서 먼저 밭둑에 던지며 고수레를 하시는 건 물론 떡을 찔 때도 한 점을 떼어 고물이 묻은 채로 담 밖으로 던지시기도 했다. 나 어릴 적에는 어른들의 고수레는 모든 신들께 잘되게 해달라고 모두에게 평안을 위함인 줄로만 여겼었다. 들에서 밥을 먹을 때면 으레 해야 되는 의식으로 보아왔다.

고수레는 결국 먹을 것을 앞에 놓고 취하는 일종의 의식으로 볼 수 있겠다. 고수레의 유래가 무엇보다 의지할 데 없이 살다가 죽은 노파를 위해 십시일반으로 밥 한 숟갈씩 떠서 던져주는 소박한 의식이라고 볼 때 근원은 더불어 함께 먹고자 하는 마음의 표출이었다. 무심코 던져준 소량의 음식은 불쌍한 노파가 아니어도 세상에 살아가는 모든 이들에게 잘 되기를, 잘 살아가기를 늘 자연과 더불어 자연에 도움 받아 살아가는 동, 식물로서 서로 도우며 살아가자는 더불어 살아가는 것에 대한 감사의 고수레가 아닐까하는 생각도 든다.

그 외에 아주 후덕한 부자 고씨가 소작인들에게 인심을 쓰자, 소작인이 "고씨가 더욱 부자 되게 해 주시오, 고수레."라고 축원을 한 것도 그 유래다. 이것은 경주 최부자네가 잘살도록 그 집 소작인이 "최부자 더욱 부자 되시오 고수레."라고 한 것과 같다. 혼자만 잘 살려고 기를 쓰기보다는 이웃 사람도 함께 넉넉한 살림을 꾸려가고 싶어 하는 후덕한 인심이 묻어난다. 우리가 방문해서 함께 식사를 하고 즐거운 하루를 보낸 그 집도 결국은 나

눔을 위한 계기로 우리를 초대했다.

만날 때마다 늘 그래왔듯이 번차례로 음식을 대접하고 하루를 보내는 셈인데 그럴 때마다 우리는 더욱 관계가 친밀해지고 사이가 도타워지곤 하였다. 나 자신 맛있는 음식을 앞에 놓고 불현듯 어릴 적 친정어머니가 해온 것처럼 고수레를 제안하면서 더불어 살게 될 자연과 그 속에 사는 모든 동식물의 긴밀한 유대관계를 생각해 보는 뜻깊은 하루의 날로 여기면서….

그림자

하지가 지났다.

이제 얼마 후에는 해가 조금씩 짧아질 것이다. 그리고 무엇보다 태양의 고도가 낮아지면서 그림자가 예전보다 조금씩 길어진다. 머리 위로 태양이 지나가는 여름내 볕은 강하고 더위는 기승을 부리고 참 힘든 계절이었다.

그림자는 물체가 빛을 가려서 그 물체의 뒷면에 드리워지는 검은 그늘을 말하며 빛의 반대편에 생긴다. 다른 뜻으로는 사람의 자취, 얼굴에 나타나는 불행·우울·근심 따위의 괴로운 감정 상태를 말하기도 해서, 결국 어두운 이미지를 연상하기 쉽지만 그림자가 있음으로 해서 여름내 극심했던 무더위를 피할 수 있었던 것을 생각하지 않을 수 없다.

어릴 적 마을 한가운데 커다란 느티나무가 있었다. 봄내, 여름내 무성해진 나무는 으레 그늘이 지고 여름이면 더위를 피하러 오는 사람들로 북적거렸다. 나이 드신 분들은 돗자리를 깔고 장기를 두거나 낮잠을 주무셨다. 바다가 가까이 있다 보니 지금도 바다향기가 나는 듯하다. 아무리 그늘이라 해도 풀냄새보다 바다에서의 해풍은 짜디짠 바람이 스쳤던 기억이 난다.

들판에서 일하던 사람들도 새참을 내오면 나무 밑에서 먹었다. 새참은 거의 자주색 감자가 많았다. 그것도 단단하여 정말 맛있었던 기억이고 보면 그래도 참으로 풍요가 흐르는 마을이었지 싶다. 어디 그뿐이랴. 아이들도 학교에서 돌아오다가 잠깐 느티나무 밑에서 쉬어 간다. 그러다가 땀이 식으면 가까운 냇가에 가서 피라미를 잡고 물놀이를 하면서 더위를 식혔다.

하필 더위가 기승을 부릴 때 잎이 무성해지는 것도 생각하면 섭리였다. 여름내 그렇게 그림자를 드리워 더위를 씻어주다가도 가을이면 조금씩 잎이 떨어지지 않던가. 더위가 가시고 나면 더 이상 나무 밑에 가서 땀을 식히거나 할 일이 없기 때문에 나무의 그림자도 덩달아 스러지는 것을 볼 수 있다.

특별히 동구 밖 느티나무의 녹음을 나무의 그림자라고 할 때

우리 남매들의 그림자라면 또한 어머니였다. 어릴 때는 어머니의 그림자에 기대어 따라 다니면서 생활하며 배우고 익혔다. 우리 남매뿐 아닌 모든 어린 아이들은 누구나가 어머니라는 큰 그림자를 기대어 성장하며 올바로 자란다. 밤낮으로 오직 자식 잘되기를 여느 어머니 못지않았는데 성깔과 고집으로 어머니를 애태웠던 것이 내 자식을 키우면서 깨닫게 되었다. 내 어머니의 그림자가 그렇게 컸다는 것을 지금에야 그 큰 그림자였음을 조금 알고 올곧지 못했던 어린 시절을 뉘우쳐보지만 그때 미처 몰랐던 마음이 더 크게 와 닿는 것은 어머니를 다 시 한 번 회상하는 마음가짐으로 오늘 이렇게 어머니를 그리워하는 그림자 역시 내게도 또 다른 그리움의 그림자로 비춰본다.

아침에 깨어나 잠자리에 들 때까지 어머니의 그림자를 따라 다녔던 기억은 아주 큰 행복이다. 나이 들면서 내 스스로가 자식과 가족에게 내 그림자를 얼마만큼의 넓은 그림자로 비춰줄 것인가를 새삼스레 느껴본다. 사람이 생존하려 힘껏 그것도 세차게 살아가려면 우물 속에 당당이 비쳐질 수 있어야겠기에.

빛나는 세상에 힘껏 짚고 일어나 웅장하게 비춰지는 그림자에서 큰 철근과도 같은 단단하고 힘찬 그림자로 거듭 설 수 있어야 하거늘, 지금에야 그저 지구가 둥글다는 것과 하지가 지나면 한낮의 그림자가 길어진다는 것으로서 그저 그런 내 그림자가 안타까울 뿐이다. 어느 누구에게도 크게 비춰주지 못한 것에 고개를 들 수 없을 만큼의 작은 그림자로 여겨지는 오늘 이제라도 조금 더 어두움이 아닌 밝고 총총한 그림자로 내 작은 울타리 안에서 내 자식들에게 만이라도 기억에 남는 그림자로 비춰지고 싶은 마음이다.

특별히 나무의 그림자는 계절과 시간에 따라 길이가 달라지지만 어머니의 그림자는 언제나 한결같았다. 아니 돌아가신 지금까지도 그 여운은 남아 있는지 지금도 가끔 어머니를 생각하면 땀을 흘리다가 그늘에 들어선 것 같은 시원함을 느낀다. 여름에 길 가던 나그네가 나무 밑에 들어가 잠깐이나마 땀을 식히고 나면 다시 길을 재촉해 나갈 수 있는 것처럼 나 또한 살면서 힘들 때도 어머니의 그림자를 생각하며 향수에 젖고 추억에 잠기다 보면, 활력이 생기고 다시금 험한 세파를 헤쳐 나갈 수 있었다.

내 살아온 모습 내 어머니의 모습을 그 순수하고 자상하셨던, 때로는 딸을 위해 발 벗고 나섰던 그 강렬하셨던 모습의 그림자로, 빛에 가리어 나타나는 형상이 아닌 어머니의 그림자로 거듭 나타나고 싶다. 그것도 내 어머니보다 더욱 넓게 비추는 모습이 아니라 딱 내 어머니만큼만 비춰지고 싶다.

금낭화

모처럼 단비가 오달지게 내렸다. 한 스무날 가뭄에 타들어가던 대지가 촉촉해지면서 화단의 꽃이 왁자하게 흐드러졌다. 목련은 벌써 새하얀 등을 달아 올린 지 오래고 돌단풍도 파랗게 물이 올랐다. 그런 속에서 작은 무지개처럼 드리워진 금낭화의 꽃줄기가 유독 선명하게 떠오른다.

몇 해 전 화원에서 보고 하도 예쁘기에 한 포기 사다가 심었더니 정원 한 켠이 금낭화 꽃밭이 되어버렸다. 특별히 돌본 것도 없는데 예쁘게 잘 자란 것을 보니 미안하면서 한편 대견하다. 애당초 깊은 산골짜기의 돌 틈에서 자라는 식물인데 키우기 쉽고 꽃도 예쁘고 보니 관상용으로 많이 보급된 꽃이다.

금낭화는 이름도 많다. 물끄러미 보고 있노라면 곱게 차려 입은 한복 위에 고명으로 끼워 넣은 화려한 비단주머니가 생각난다. 하기야 금낭화라는 이름 그대로 비단주머니 같다고 하지 않았는가 말이다. 그 위에 등처럼 휘어지고 모란처럼 예쁘다고 해서 등모란 또는 밥알을 물고 있는 것 같다고 해서 밥풀꽃이라고도 불려 왔으니 참 안존한 꽃이라기에 손색이 없다. 특별히 그 꽃말이 '당신을 따르겠습니다'인 걸 보니 별명처럼 붙여진 이름도 다분히 그런 분위기였다.

누군가를 따른다는 것은 그 사람에 대한 순수한 마음을 나타낸다. 더욱이 어떤 인위적인 관계보다는 여건을 탓하지 않고 묵묵히 섭리를 따르는 경건한 모습이 그려진다. 작은 꽃밭이지만 그동안 얼마나 많은 곡절이 지나갔을지 생각해 본다. 작은 꽃밭이라고 한여름 폭양이 어디 두는 일이 있던가. 된겨울 추위와 눈보라 역시 사정없이 몰아치면서 넓지도 아니한 꽃밭 주변은 온통 얼어붙는 게 일이었지만 묵묵히 견딜 뿐이었다. 그렇게 겨울을 나고 봄이 되면서 이례적으로 꽃을 피우고 얼마 후 또 지고 만다. 때로 엄정할 수 있는 섭리를 거스르지 않는 삶의 자세가 그려진다.

이제 막 붉어진 몽우리를 살짝 비쳐준다. 옆에 있는 함박꽃도 서로 인사나 하듯 겨울잠에서 막 깨어난 모습이다. 이제 막 태어난 갓난아기가 눈동자를 두리번거리는 것과도 같았다. 작은 꽃망울이 진정 우주의 섭리와 사랑의 진리를 깨우치는 느낌이다.

금낭화는 꽃이 만개하면서 색깔이 엷어지는 특징이 있다. 비온 후 햇빛과 흙이 녹으면서 살며시 내미는 모습에 오늘따라 더 정감이 가는 것은 큰 사랑으로 보답하려는 모습 때문인 듯싶다. 꽃밭의 생명들에게 마음으로 그래 살며시 잘 올라와서 우리 서로 보듬으며 잘 지내보자, 마음껏 힘껏 사랑으로 보듬어 줄게 하며 흙을 보슬보슬하게 풀어 주며 중얼거리는 나는 오늘도 한참을 꽃밭에서 주절거리고 있다.

나 자신 들꽃에 더 집착하는 걸 스스로도 알고 있다. 화려하고 소담한 것보다는 수수하면서 자잘하게 핀 것을 좋아한다. 오래전 시골에 정착할 무렵 뒤뜰에 들어서면서 제비꽃이 군락을 이룬 화사함을 봤을 때 너무도 예쁘고 탐스러워 기쁨의 환호를 지른 기억이 지금도 생생하다. 그 뒤론 텃밭에 꽃밭을 일구어 축축이 들꽃을 사 와서 많이도 심었다. 거기에 덧붙여 금낭화를 한 포기 사왔는데 그 한 포기가 개체수를 많이도 넓혀 이제는 금낭화의 군락을 이뤄 아름다운 꽃밭의 정취를 마음껏 누릴 수 있게 한다.

환경을 탓하지 않고 수돗가 콘크리트 깨진 사이로 서슴지 않고 활짝 피는 기질이 더욱 마음에 끌린다. 꽃밭의 돌 틈 사이에서도 주저하는 모습 없이 고운 자태를 뽐낸다. 생김은 소박하지만 도도하고 겸손하며 또한 고고하기까지 하다. 한마디로 환경을 탓하지 않는 우아함이 엿보인다. 그 모습은 겨울을 잘 이겨내며 봄이 오기를 기다리던 애련함이 배어있다. 모든 꽃의 화사함과 아름다움, 봄볕의 녹녹함이 녹아드는 여린 망울을 볼 때마다 내 마음 속 깊은 곳까지 스며드는 아름다운 정취는 이루 말할 수 없이 고즈넉함에서 활짝 깨어 있는 마음이 든다.

내 사는 집은 한적한 시골에서도 한참 올라간 산 밑 그늘진 곳이고 그중에서도 작고 옹색한 뜰이지만 그런 데서도 자기 생긴 대로 묵묵히 꽃을 피우고 새싹을 내미는 모습이 얼마나 대견한지 모르겠다. 이 작은 꽃들에서 가끔 사랑의 섭리를 깨우친다. 화단의 꽃들은 추운 겨울을 이겨낸 뒤 아름다운 모습을 드러내며 나름대로 봄의 축제를 즐기는 것이다. 나 역시 그것을 보며 여건을 탓하는 대신 슬기롭게 극복하면서 작고 소박한 행복을 일구어가고 싶다.

그렇게 사는 거라고 생각했다. 날이 가고 절기가 바뀌어 봄이 온들 해마다 같은 자리 구석진 화단에서 조신하게 피면서 꽃의 본분을 다하는 것이다. 화려하고 예쁘지 않아도 소박하거나 수수하면 들꽃은 충분히 아름다울 수 있는데 금낭화는 빛깔도 화려하고 제법 탐스럽기까지 하다. 그 위에 또 잘 돌보지 않았어도 봄을 맞아 예쁘게 화단을 장식해 주니 나로서는 더할 나위 없는 기쁨이다.

화단 언저리 자잘하게 피는 이름 모를 꽃 또한 마찬가지다. 예쁜 걸 꽃의 전부로 보기는 어렵고, 실제 별반 예쁘지 않을지언정 남모를 곡절을 겪고 열심히 피는 거라면 과히 소담스럽거나 곱지 않아도 큰 감동으로 다가오는 게 아닐까. 추운 겨울이 있었기에 지금 이 봄맞이 벅찬 행렬이 그들 스스로도 벅차게 느껴질 수 있다. 이렇게 얼굴을 내미는 금낭화에서 활짝 피기만을 기다리며 자주 보아주고 척박함에서 부드러움으로 어루만져주며 우리 잘 지내자고 두 주먹 불끈 쥐며 파이팅을 외쳐 본다. 나 역시 들꽃처럼 살고 싶은 소박한 꿈을 다시금 숙지하면서.

나를 위한 종이 울렸다

가을이다.

추수를 끝낸 들판에 이삭이 널렸다. 아무나 주워도 괜찮다는 이삭은 보기만 해도 마음이 풍요롭다. 길섶의 밭두둑에 땅콩덤불이 널려 있고 햇볕을 받아 빛나는 땅콩 한 줌을 바구니에 담아 넣었다. 좀 더 가니 울타리에 배배 틀어진 채 말라버린 작두콩 꼬투리도 몇 개 훑어 바구니에 담았다.

얼마 후 산에 올랐다. 그다지 높지 않은 자그마한 산이지만 메말랐던 기후 탓에 흙은 여지없이 흘러내려 밟을 때마다에서 썰매 타듯 미끄러진다. 장화를 신었지만 그동안 꽤 오래 신은 탓에 바닥이 닳아서 무척 미끄럽다. 조심조심 도토리를 줍고 뱀을 쫒으려 막대기를 들고 오르고 있노라니 다람쥐, 청설모들도 부지런히 움직이고 있다.

아직 겨울준비는 이른 듯하나 부지런한 몸짓에서 귀여움마저 든다. 다람쥐는 그래도 우리에게 해를 끼치는 일이 없는 동물이라 할 것이나 청설모는 나무에 달린 열매들은 무조건 따 먹어 치운다. 많지는 않고 소량이라 해도 더러는 야속할 때가 많다.

그래도 늦은 봄에는 나비가 팔락팔락 청설모 등에 날아올라도 잘 인내하고 보듬어 주는 것 같아서 마음 한 구석 흐뭇할 때도 있었다. 이렇게 풀밭 위를 날아다니며 또 제 등에 앉아서 나풀거려도 귀여운 듯 받아주는 마음은 어느 인간 못지않은 사랑을 표현하는 성싶다.

그러는 동안에 막 태어난 듯 자그맣고 가늘어 보이는 뱀의 새끼가 막 나의 발자국소리에 놀라 도망가고 있다. 아무리 작아도 뱀은 무섭다. 뱀 새끼 역시 깜짝 놀라 식겁하는 내가 두려웠던 모양이다. 그렇게 뱀을 피해서 여기저기 헤매고 있는데 돌연 수북한 낙엽더미가 보이고 거기 군락을 이룬 영지버섯이 눈에 띄었나. 누차 들은 대로 작은 항아리 뚜껑만한 버섯이 겹겹으로 눈에 들어오면서 가슴이 뭉클하고 두방망이질 치는 것 같다.

눈앞에 영지버섯 군락이라니. 그동안 착하게 살아서인가, 혹은 겸손해서인가. 아니면 내가 예뻐서인가. 별의별 잘난 척을 다하면서 반가움에 어색하고 누추한 변명을 늘어놓으면서 아니야 이것은 정말로 내가 받은 거야. 산자락에서 때 아닌 나를 위한 종이 울린 것이야.

누구를 위한 것이 아니라 오로지 나를 위해 울렸다. 솔잎이 쫙 깔린 바닥에 그것도 갈참나무와 참나무 사이로 장엄한 모습의 영지버섯이 이렇게 여러 개라니 더 말할 여지가 없다. 깊은 숲속에서 산삼을 발견하면서 받은 심마니의 충격이 이런 것일까. 막상 눈앞에 다섯 개 잎이 팔랑대고 붉은 꽃이 아름다운 최대 명약을 마주 한 순간 험한 절벽과 비알을 기어오르던 일은 거짓말처럼 사라질 것이니, 나 역시 뱀을 보고 놀란 일은 다 잊어버렸다.

목욕재계를 하는 등 마음을 정결히 하고도 몇 날 며칠 산속을 헤매 다녔을 그들에 비해 나는 여느 때처럼 산에 오르기 위해 심심파적으로 나선 길이었는데도 이런 특혜를 받았다는 생각에 더욱 그랬다. 이것을 어떻게 해서 먹을지도 생각나지 않았다. 흔히들 하는 것처럼 달여 먹을 수도 있고 또는 술로 담가서 먹을 수도 있다. 그 외에 특별한 효능으로 알려진 항암효과와 노폐물을 제거하는 건 물론 혈관질환제로 뛰어난 식재료였으나 그보다는 오로지 눈앞에 펼쳐진 신비의 명약이 더 큰 감동이었다.

내가 어디서 뱀을 보았는지 또한 소스라치게 놀랐는가는 어느새 가슴 쿵쾅거리던 적이 있었던가 싶다. 영지버섯은 가끔 산에 오르다 자그마한 것은 자주 보아 왔다. 볼 때마다 붉은 자주색을 띤 모양이 참으로 예뻤다. 썩은 참나무에서 특히 많이 자라는 것 같다. 그런데 오늘은 갈참나무가 우거진 곳에 이렇게 여러 송이라니 정말 신비스럽고 아름답다.

누구도 아닌 바로 나를 위해 울린 종이었던 것이다. 가끔 산에 오르는 것을 즐겨 하지만 언제나 보면 내 삶의 텃밭이 되어 준 보금자리다. 그 위에 나의 감상을 북돋워 주기까지 하는 산허리에서 이렇게 오늘도 나를 위하여 영지버섯으로 하여금 그것도 이렇게 크게 보여 주는 영지버섯 앞에서 누구를 위함이 아니라 바로 나를 위하여 종이 울리는 모습을 만끽하여 본다.

나의 어머니

오늘 아침 어머니의 전화를 받았다. 장마에 혹 별다른 피해는 없었느냐는 안부 전화다. 사실은 내가 먼저 안부를 여쭈어야 했었다. 연일 비가 쏟아지고 후텁지근한 날씨가 계속되어도 짜증스럽다는 생각만 했을 뿐 직접 전화를 걸어오실 때까지 무심하게 굴었다.

전화를 끊고 나니 한동안 착잡하다. 남달리 차분하셨던 어머니, 남동생의 집에 머물고 계시면서도 별다른 말씀이 없으신 채 지내셨다. 며느리와 딸이 보는 어머니의 모습은 정반대로 비치겠지만 나이가 들다 보니 내 입장에서도 단점은 보이게 되므로 덮어놓고 두둔할 수가 없게 된다. 결국 딸이라고 무조건 역성을 들기는 어렵고 어릴 때부터 본, 남달리 조신한 성격이셨던 어머니의 모습이 새삼 다가오는 것이다.

어머니는 말 한마디도 오랜 생각 끝에 하시는 분이다. 우리 자랄 때도 소소한 잔소리가 없으셨다. 평소에는 이렇다하게 말씀이 없으시다가 우리 행동을 지켜보시고 정말 아니다 싶을 때에는 엄하게 꾸중을 내리셨고 그게 살면서 참으로 유익한 말씀으로 남곤 했던 것이다.

하지만 나는 그리 좋은 딸이 되지 못했다. 남들보다는 학비며 용돈에 궁하지 않게 지냈는데도 축축이 돈을 뜯어내면서 어머니를 힘들게 했다. 물론 그 돈으로 엉뚱한 짓을 하고 다니지는 않았고 단지 책을 사 보면서 공부를 하는 것이었으나 여러 남매를 키우기에 힘드셨을 어머니께는 못할 짓을 한 폭이었다. 보통의 어머니가 그랬던 것처럼 책을 산다고 할 때는 아낌없이 주는 약점을 이용한 것이다. 책도 물론 유익한 공부라 해도 교과서만치 꼭 필요한 것은 아니었는데, 게다가 자투리 돈으로 몰래 옷도 사 입고 군것질도 한 셈이다.

이제 오랜 세월이 흐른 지금 못내 마음에 걸리는 것은 두 딸의 어머니가 된 그 때문만은 아니다. 그보다 이제는 노쇠해 버려 고왔던 모습은 찾아볼 수 없이 된 게 아쉽기만 하다. 젊어서는 자식들 키우느라 힘들었다가 늙어버린 지금은 오히려 자식들에게 본의 아닌 짐이 되어 있을 테니 참으로 고단한 나날이 될 것 같다. 자식들이 물론 짐으로 생각하는 것은 아니나 나 역시 지나온 길을 돌아보며 가끔 회한에 잠기곤 하는 것을 보면 어머니의 심정은 오죽할까 헤아려지는 것이다.

특별히 잊지 못할 건 1980년 여름에 우리 아이들 어렸을 때 내가 원인 모를 현기증에 시달렸던 일이다. 병명이 밝혀지면 치료를 할 텐데 단지 어지러우면서 시력이 점점 떨어졌으니 그야말로 큰일이었다. 그러다 언제부턴가 앞이 잘 보이지 않고 걷기조차 힘들어지면서 죽음의 문턱에나 들어선 것처럼 초조한 마음으로 어머니께 편지를 썼다.

나 아직 죽어서는 안 되는데 어린 아이들이 조금이라도 더 자라게 도와주어야 되는데 어쩌면 좋으냐고 부모님께 버릇없이 소식을 전한 것이다. 한탄하는 심정으로 썼지만 내 편지를 보고 한달음에 서울에 오셔서 아무렇지도 않은 듯 집안 구석구석을 치워 주시던 어머니 앞에 나는 그저 철없는 어린 딸에 불과했었다. 어머니가 힘들다고 와서 곁에 있어 달라고 하면 서슴없이 달려갈 수 있는지 자신을 반성해 보는 것이다. 어쩌면 그때 만사를 젖혀 놓고 한달음에 달려오셨을 어머니처럼 그 절반이라도 해드릴 수 있으면 만고의 효녀가 되련만 그것은 말 그대로 어머니였기에 할 수 있을 뿐 딸로서는 불가능한 일이다.

어머니 앞에서는 영원한 철부지였던 내가 그나마 이런 생각이 드는 것은 어머니의 심기가 요즈음 불편해 보이는 까닭이었다. 자식들이 어련히 잘 할까마는 모신 세월이 길어지면서 혹 부모님 건사에 소홀해지는 게 아닌지 염려스럽다는 게 솔직한 심정이다. 이 또한 모시지도 못하는 입장이라 함부로 말할 터수는 아니고 단지 딸이라는 이유로 걱정만을 앞세우고 있으니 스스로도 처연하기만 했다.

어머니가 젊으셨을 때는 안부 정도만 궁금하게 여기던 일이 마음에 걸렸으나 이제 부모님께 대하여 약간은 철이 든 지금도 단지 마음뿐 어떻게 해드릴 수 없는 상황이니 부모님 앞에서는 너나없이 불효자가 된다는 게 납득이 가는 심정이다. 입장이 바뀌어 어머니라면 모든 걸 덮어둔 채 자식 앞으로 달려올 것이나 자식들은 구구한 사정이 많은 것이다. 누구에게든 이런 저런 상황은 있지만 부모님은 오직 자식을 위해 모두를 희생하고 딸인 나는 궁색한 핑계를 찾고 있다.

절기에 맞춰 의복을 사드리고 철철이 용돈을 드리기는 해도 그것이 과연 자식들 다 키워 놓고 허탈하게 지내실 날들에 얼마나 위로가 될지 모르겠다. 그렇다고 서운타 하실 분은 아니지만 뒤늦게 어머니를 생각하는 마음이 유독 짠해진다. 하루하루 몰라보게 노쇠해 가는 모습이 상상될 때마다 초조하고 안타까웠으나 그게 삶이라고 보았다. 나 역시 지금보다 훨씬 나이가 많아지면 변함없이 밟아야 되는 과정인 것이다.

어머니도 외할머니 앞에서는 영원히 불효한 딸이고 우리 두 딸도 언젠가는 내 앞에 영원한 불효자라고 자책하면서 살아야 하는 끝없는 되풀이 과정을 다시금 헤아리는 것이다. 그렇게 해서 부모님께 잘 해드리지 못하는 심정을 위로하는 건 아니라 해도 그러한 속에서 점점 마음이 깊어지고 철이 드는 속내를 파악하는 것이라고나 할까.

내 삶의 방식은 단소정한(短小精悍)

텃밭에 나왔다.

모처럼 텃밭의 풀을 뽑기로 한 날이다. 며칠 바쁘게 지내던 중 짬이 나기도 했고 더 자라기 전에 손을 봐야 할 것 같았다.

그런데 일이 생각보다 쉽지가 않다. 아직 어린 풀이라 잡아당길 수도 없고 호미로 긁어내자니 뿌리가 남을 테고 그러면 금방 다시 올라오기 때문이다. 미리 깨끗하게 뽑으려고 한 것이 오히려 힘든 결과가 되었지만 그래도 이럴 때 손을 봐두면 한시름 놓을 것을 아는 까닭에 힘들어도 감수하기로 했다.

풀을 키워서 잡고 뽑으면 수월한 건 있으나 그러다 보면 잠깐 방심할 동안에 씨앗이 달리고 결국 더 많은 풀이 돋아나서 호미로 막을 걸 가래로 막는 결과가 된다.

손에 쥘 수도 그렇다고 호미로 긁어낼 수도 없는 지금 힘든 것을 참고 일하는 것도 결국은 그 때문이다. 작은 텃밭이지만 그렇게 미리 미리 손을 보려면 꽤나 분주하다. 텃밭 하나 가꾸면서도 이럴진대 농사를 대대적으로 짓는 사람은 여간 신경 쓰이는 게 아닐 테고 무엇보다 작은 것에 대한 중요성을 다시금 돌아보게 되었다.

호미로 막는 게 수월하다는 것은 기정사실이라 하되 대부분 일을 키워서 가래로 막는 습관이기 때문에 누구를 막론하고 실천이 어렵다. 내가 풀을 뽑은 것처럼 손에 잡을 수가 없어 힘든 것도 있으나 미루다가 필경은 씨앗을 달 때까지 방치해 두는 게 더 큰 문제라고 본다.

세상에는 작은 것을 무시하고 홀대하다가 낭패를 보는 일이 허다하다. 개미구멍 하나를 우습게 여기다가 커다란 방죽이 무너지는 건 너무도 흔한 일이거니와 작은 것부터 세심히 신경 쓰는 버릇은 그만치 중요하다. 불씨가 어디 커서 불을 내던가. 원인은 작지만 뜻밖의 결과를 초래하는 게 얼마나 많은지를 생각하면 작다고 무시할 수 없는 여지가 그려진다.

단소정한이라고 했다. 단순하고 작은 것들이 훨씬 더 정결하고 여유롭다는 것일까. 작은 게 그만치 중요한 의미라면 바로 그 작은 것을 적절히 누리며 사는 것 또한 우리 삶의 소망이 아닐 수 없다.

살면서 뭔가 하나씩 내려놓고 줄일 때마다 그 삶이 더 운치가 있다는 거다. 널리 알려진 고시조만 보아도 벼슬을 내려놓고 초야에 묻혀 살면서 지은 게 많다. 분주하게 살다가 각박해진 마음이 전원생활을 하면서 윤택해지고 그로써 맑고 정결한 단소정한 같은 시조가 탄생하는 것 같다.

돌연 부스럭 소리가 나는 것 같더니 청설모 한 마리가 소나무 등걸을 타고 올라간다. 우리 집 주변을 활보하는 동물 역시도 작고 앙증맞은 다람쥐와 청설모 같은 녀석들이었으니 그 또한 우연일까. 아니 손바닥같이 작은 텃밭에서 이따금 보는 경관이 더욱 새로운 느낌이다.

오늘처럼, 이제 막 올라오기 시작한 풀을 뽑으면서 작은 것에 대한 다부진 면을 보는가 하면 주변에 번진 자잘한 꽃에서는 또 올망졸망한 아름다움을 보았다. 그 위에 또 작은 청설모 다람쥐가 재빨리 움직이는 것이 구색이나 맞추듯 어울렸다는 게 더더욱 특이하다.

해거름이 되었다. 일은 아직 남았으나 일단 미루기로 하고 텃밭을 돌아왔다. 막 집 앞 골목에 들어서다가 이웃집 노인을 만났다. 평생을 농사 일로 잔뼈가 굵은 노인은 바싹 여윈 모습에 이마에 주름이 가득하지만 한편으로는 훨씬 다부지게 보인다. 농사일이 힘들고 그 위에 또 타산이 맞지 않아도 곁눈질하지 않고 오직 농사를 천직으로 알고 살아온 분이다. 넉넉하고 풍요로운 것과는 거리가 멀게 늘 가난하게 살아왔지만 그 속에서 다부지게 늙은 한 사람의 연륜을 보곤 한다.

자그마하고 탄탄하게 생긴 연륜이 밴 노인들을 시골길에서 마주치다 보면 젊고 잘생긴 이들보다 훨씬 경건한 느낌이다. 딱히 누구라 할 것 없이 작은 사람에 대한 야무진 면모를 수없이 보아오면서 어쩌면 작은 고추가 맵다는 속담과 결부한 '단소정한'에 대한 이 말뜻에 결부시켜 보고 싶은 마음이다. 오늘 이 작은 풀을 힘겹게 뽑으면서 작고 강인한 우리의 현실을 직시해 본다.

어쩌면 그들 모두는 좋아하는 단소정한의 이미지로 살아온 것은 아닌지. 화려한 것도 명예로운 것은 뒤돌아보지도 않은 채 단순하고 정갈한 그러면서도 훨씬 장엄한 천연계의 풍광을 바라보며 정신적 부를 추구해 왔을 것이다. 밤이면 그 집 우물에는 수많은 별이 뜨고 달이 잠겨 있었을 것이다. 그것도 아름다움과 정겨운 모습으로 말이다. 부귀로도 살 수 없는 운치는 시골에서 분수에 만족하며 살 때 주어진다는 것을 단소정한 삶에서 보는 느낌이 든다.

저녁에는 모처럼 붓을 들어 단소정한이라는 글귀를 써보았다.

부족한 대로 그동안 갈고 닦은 솜씨를 발휘해서 좋아하는 글귀를 쓰는 마음이 자못 흔쾌하다. 내일은 이것을 다시 현판에 써서 집 아래채 황토방 입구에 걸어두어야겠다. 뭐랄까, 세상 아무것도 부러울 게 없는 기분이다. 좁은 공간에서 자연의 한 모퉁이를 빌어 소박하게 살 뿐이지만 단소정한이라고 했듯이 그게 더할 수 없는 행복으로 다가오는 것을 다시 한 번 확인해 보면서.

누름돌

오늘은 사군자를 치는 날. 연적의 물을 벼루에 따라 놓은 뒤 먹을 잡는다. 방향을 바꾸면서 계속 갈다 보면 걸쭉해진 먹물이 흑단처럼 까맣다. 화선지를 펴놓고 양쪽에 누름돌을 얹었다. 그다음 붓에 먹물을 듬뿍 찍어 첫 획을 긋는 마음이 오늘따라 무척 정갈하다.

붓을 잡을 때마다 화선지에 얹어 놓는 누름돌. 몇 해 전 남한강에서 가져온 돌 중의 하나로 약간 기름한 모양이다. 누름돌은 대개 좌우 양 옆을 눌러 놓는데 비슷한 두 개의 돌을 찾아 지금까지 누름돌로 쓰고 있다. 크기도 어중간하고 빛깔도 약간 누르끄레한 것으로서 참으로 믿음이 가는 역할을 톡톡히 한다.

무엇보다 공통된 점이라면 똑같이 매끈하다는 점이다. 그렇지 않았다면 차분히 눌러주기는커녕 울퉁불퉁한 표면에 툭하면 종이가 찢어졌을지 모르겠다. 모난 데 없이 잘 다듬어진 조각품 같다. 지금은 손가락만하지만 저만치 닳고 닳았을 정도면 오랜 세월이 흘렀다. 처음에는 꽤나 커다란 돌이었다는 의미가 된다.

남한강변에 가보니 수많은 조약돌이 굴러 있었다. 크기와 모양과 빛깔은 서로 다르지만 표면은 약속이나 한 듯 매끄럽다. 크기가 적당하지 않아서 그렇지 거기 굴러 있는 돌 어느 것이든 얄팍한 화선지에 올려놓아도 찢어지지 않을 것 같다. 다만 양쪽을 눌러놓아야 하기 때문에 모양과 크기가 얼추 비슷한 것을 골라온 셈이다.

지금이야 너른 강변에 옹기종기 모여 있지만 처음 장마에 떠내려 올 때의 산골짜기는 모두 달랐다. 그렇게 서로 다른 물줄기에서 떠내려 와 똑같이 물결에 깎이고 바람에 풍화되었다. 장마가 지면 비탈진 산골짜기는 돌 구르는 소리도 요란했겠다. 한두 개 아니고 수많은 돌이 굴러가면서 그동안에도 서로 부딪치게 된다. 그렇게 깎인 돌이 냇물로 흘러들 때는 좀 더 완만해지고 서서히 마모되었다가 끝내는 내가 본 그 강변에 이르렀다.

마지막으로 강변에 정착하면서 그때부터는 본격적인 단련 과정에 익숙해졌을 것이다. 물결에 깎이고 바람에 시달렸다가 나중에는 저희들끼리 부딪치면서 지금 같은 모습으로 정착되었다. 크고 작은 돌이 서로 어우러진 채 살고 있는 남한강변은 결국 수많은 조약돌의 보금자리가 되어 있다.

사군자를 치고 난 다음에는 산보삼아 뒤뜰을 걷는다. 장독에 이르렀다. 계단 초입에도 스무 남은 개 누름돌이 또 있다. 화선지에 쓸 누름돌을 골라내고 남은 것들이다. 무더기로 가져온 것 중 더러는 김칫독에 넣고 매실을 담글 때 얹기도 한다. 화선지를 태산처럼 눌러 주면서 난을 치는 미세한 움직임까지 받쳐주듯, 우리 또한 그렇게 지그시 누를 수 있는 의지는 필요하다. 분을 참지 못할 때 차분히 가라앉히면 그게 누름돌 역할이다. 살다 보면 성낼 일이 허다하지만 평소 누름돌 같은 자기 통제가 있느냐 없느냐의 차이는 작은 게 아니다. 누름돌 없는 화선지에 치는 사군자 또한 격이 떨어질 수밖에 없다.

우리도 살면서 그렇게 둥글어진다면 한 개의 누름돌에서 보는 섭리는 작은 게 아니지 싶다. 나 스스로를 봐도 강변의 조약돌처럼 어지간히 둥글어지기는 했으나 아직 멀었다는 게 더 솔직한 심정이다. 닳고 닳는 것은 영악해지는 것으로도 볼 수 있으되 어떤 경우든 부딪치지 않는 부드러운 기질도 아울러 뜻한다.

실제 부딪칠 때도 그로써 더욱 둥글어지고 부드러운 기질로 바꿔게 될 디딤돌로 생각하다 보면 그 삶은 훨씬 원만하다. 나 또한 둥글어지면서 가진 게 줄어들고 낮아질지언정 품격은 다듬어진 것처럼 부드러워지는, 그런 삶을 구도하고 싶다.

눈밭에 첫발자국을

밤새 눈으로 뒤덮인 뜰과 앞산을 본다. 꽃처럼 예쁘게 쌓인 눈송이를 보니 누군가 밟고 지나가다가 지저분해질까 걱정이다. 그보다는 내가 첫발자국을 내고 싶었다는 게 솔직한 마음이다. 단둘이 사는 집에 누가 먼저 밟을 일 없고 작은 짐승 하나도 지나가지 않을 시골이련만 새라도 날아가면서 흠을 낼까 봐 조바심이 났다. 어린애처럼 자발 맞은 생각에 얼른 툇마루를 지나 뜰에 내려서서 조심스럽게 발자국을 내 본 것이다.

그런데 참 이상한 게 뜰을 한 바퀴 돌고는 다시금 또 한 바퀴 돌았다는 점이다. 조심스럽게 발자국 한 번 내고는 그만둘 줄 알았던 것에 비하면 뜻밖이다. 처음에만 조심스러웠을 뿐 발자국이 남다 보니 처음 대할 때의 신비로움이 갈수록 떨어진다. 쌓인 눈을 밟을 때마다 느끼는 감상이기는 했으나 우리 어떤 일을 할 때마다 처음의 생각과는 달리 점차로 시들해지는 것을 알겠다. 어떤 일이든 초심을 잃지 않으면 이루지 못할 것은 없다는 말도 그래서 나온 것이리라.

오래전 그때도 눈이 내렸었다. 나목의 꽃망울이 금방이라도 터질 듯 영글어 화사하다. 흐드러지게 핀 설야의 이 꽃동산에 찬물을 끼얹는 사건이 벌어졌다. 예전에는 집집마다 지하실이 있어 거기에다 연탄을 비롯한 허드레 물건들을 쟁여 놓았다. 우리도 예외 없이 연탄을 채우고 시골어머니가 보내 주신 마늘 여남은 접을 넣어 두었는데 바로 그날 함박눈이 내렸고 아침에 부엌으로 들어가 보니 지하실에 걸어 둔 마늘이 없어진 것이다.

밖을 내다보니 지하실 쪽에 누군가의 발자국이 눈 위에 나 있었다. 담장 바로 아래 개장을 밟고 들어와서 나간 흔적이 옆집으로 이어져 있어서 어느 집인 줄 알았으나 그 집 아저씨께 "우리 지하실에서 시작된 발자국이 왜 여기서 끝났을까요."라고 여쭤보고는 그냥 돌아섰다. 햇마늘이 나올 때까지 옹골차게 두고 먹을 마늘이 없어졌으니 여간 걱정이 아니었다. 확연히 눈 쌓인 골목길에 발자국까지 뚜렷했으나 이웃과 얼굴 붉히기 싫어 그냥 왔었다. 이웃사람의 절박했던 사정을 보면 지금 생각해도 잘한 것 같지만 눈이 오고 난 뒤의 꿈나라 같은 풍경 때문에 그렇게 관대해진 것으로 여기고 싶다.

옛날 한 사람이 이웃집에 가서 쌀 한 가마니를 훔쳐왔다. 공교롭게도 눈 내리는 밤이었는데 들키지 않고 무사히 돌아오기는 했으나 쌓인 눈에 자기 발자국이 나 있었다. 당황한 끝에 발자국을 없앤다고 비로 쓸어냈건만 이번에는 발자국을 쓸어내는 그 발자국이 또 남았다. 그렇게 몇 번 쓸다가 밤을 새웠다는 이야기다.

바로 그 사람이 처음 남의 것을 훔치는 그 과정을 돌아본 것이다. 남의 것을 멀쩡히 훔칠 때는 그럴 만한 사정이 있을 것이다. 필연 굶주리다 못해 그런 짓을 했겠지만 문제는 한 가마니를 넘보는 그것 아닐까. 남의 것을 넘보는 것은 물론 됫박 아니라 한 홉도 가당치 않은 것이지만 고물고물한 어린 자식들이 생짜로 배를 곯는 게 안쓰러웠다면 됫박 쌀만으로도 충분하다는 뜻이다.

시작은 그렇게 중요하다. 누구를 막론하고 처음에는 온전한 마음이었다 해도 시간이 지나면서 식상해진다. 무엇이든 처음부터 남다른 자세를 견지해야겠다. 한 번 더럽히는 게 어려울 뿐 그 다음부터는 아무렇지도 않게 발자국을 내는 자신을 보니 우리 주변에도 그런 일은 많을 것 같다. 세상에 대한 신비와 놀라움이 갈수록 줄어드는 건 불가항력이라 해도 마음의 경계는 늦출 수 없는 것이다.

어쩌면 가난하게 살던 그 사람 처음에는 아주 조금씩 가져오다가 가마니 째 들여오면서 들켰는지는 몰라도 처음에는 두근두근하면서 담을 넘었을 것임에. 한 됫박이었다가 혹은 늘어나 봤자 반말 정도로만 그쳤어도 모르련만 필경은 가마니를 넘보고 꼼짝없이 도둑으로 몰리는 지경에까지 이르렀다. 맑은 날이었다면 발자국이 난 줄 알았을 때 도로 갖다 놓기라도 했을 텐데 하필 눈 내린 밤이라 다급한 마음에 쓸어낼수록 더더욱 뚜렷해지는 해프닝을 낳았다.

처음 시작할 때의 두려운 마음이 어느 순간 아무렇지도 않게 되는 탓으로 바늘도둑이 소도둑 된다는 말이 나왔을 것이다. 아울러 오랜 세월이 흐른 지금도 당혹스러운 건 마늘을 훔쳐갔던 그 아저씨가 옛이야기 속의 주인공처럼 자기의 발자국은 쓸지 않고 그냥 두었다는 점이다. 힘들게 쓸어 봐야 소용없다고 한 것 같지만 그렇더라도 지나치게 뻔뻔스럽다. 그나마 표가 나는 것을 보면서도 죄책감에 자꾸만 쓸어대는 게 훨씬 양심적이었다. 자기 발자국에 대해 전혀 신경도 쓰지 않던 그 아저씨가 유감스러운 기억으로 떠오른다.

다시금 눈 위의 발자국을 돌아본다. 더럽히지 않으려고 조심스레 밟고 있을 동안도 보이지 않는 꽃향기와 사각대는 음향이 마음 가득 차오른다. 이 넓은 뜰을 가득 채운 설경에 첫발자국을 내는 설렘은 누려 보지 않은 분은 모를 것이다. 첫발자국을 시초로 종당에는 모두 더럽혀질지언정 처음 가지게 되는 조심스러운 마음이 그렇게 소중했던 것일까. 눈 내리는 아침의 잊을 수 없는 풍경이다.

다듬잇돌

엊그제 백중날은 비가 내렸다. 무심코 앞마당 다듬잇돌에 빗물이 떨어지며 흘러내리는 정경을 보았다. 세차게 내릴 때면 돌 전체를 강타하듯 적실 테지만 자분자분 내리는 빗방울은 시나브로 적실 정도밖에 되지 않는다. 비에 잔뜩 젖었다가 주르르 흘러내리는 게 서러운 눈물처럼 보인다. 우리 집에 와서 다듬잇돌을 가져간 뒤 얼마 후 세상을 떠난 여동생 눈물 같다.

우리 집에는 여남은 개 다듬잇돌이 있다. 민속용품을 파는 곳에서 사다가 뒤뜰과 장독 한 모퉁이에 놓아두곤 한다. 그때도 항아리 다음으로 다듬잇돌에 매료되어 몇 개를 샀는데 미처 정리를 못하고 거실 한 켠에 쌓아두었다. 모처럼 놀러왔던 동생이 가져가고 싶어 하기에 군말 않고 들려 보낸 게 불과 이태 전이다.

다듬잇돌을 볼 때마다 한동안 동생이 떠오르는 바람에 무척 심란했었다. 동생은 그때 암으로 투병 중이었다. 수척한 얼굴로 자동차 트렁크를 열고 끙끙 싣고 가던 모습이 오래도록 잊히지 않았다. 동생은 무심코 달라고 했을 테지만 내 딴에는 그걸 주면서 다듬잇돌처럼 병마와 싸워 이기고 굳세게 살아남기를 기원했건만 그 후 얼마 되지 않아 세상 끈을 놓아버렸다. 한참 더 살 나이에 세상을 떠난 것이 누군들 애석하지 않으랴만 동생이라서 더더욱 애틋한 것이리라.

백중은 채소나 과일이 먹을 게 많아서 붙은 이름이다. 그 무렵에는 갖가지 과일과 채소가 많아 100가지 곡식의 씨앗을 갖추어 놓았다고 하여 생긴 이름이다. 또한 돌아가신 조상의 혼을 위로하기 위하여 여러 가지 음식과 과일, 술을 차려놓고 재를 지낸 까닭에 '망혼일'이고도 하였다. 머슴이 있는 집에서는 이날 하루를 쉬게 하였으며, 지방에 따라서는 차례를 지내고 산소를 찾아 벌초와 성묘를 한다.

백중날은 대부분 한여름 복중에 든다. 아주 덥고 그래서 일도 하기 힘든 시기인데, 농촌에서는 그때를 전후해서 열리는 백중장(百中場)이 있다. 여름내 먹던 과일이나 채소들은 끝물로 시들은 모습이라도 색깔은 여전히 검붉은 모습으로 천연덕스럽게 매달려 있다. 사과나무에는 사과들이 가을을 바라보며 익어가고 있다. 백중날은 얼추 수확을 할 즈음이라 대부분 일손을 놓고 하루 쉬지만 제주도 지방에서는 오히려 바다에 나가 일을 많이 한다. 백중날에 살찐 해산물이 많이 잡힌다고 믿기 때문으로, 이날 잡힌 해산물을 가지고 한라산에 올라가 산신제를 지내기도 한다. 불교에서는 지옥과 아귀보를 받은 중생을 구제하는 우란분회(盂蘭盆會, 우라본)라는 법회를 연다.

특별히 백중날을 전후해서는 비가 잦았다. 아무리 모든 작물이 익을 준비를 한다 해도 날씨가 무지하게 뜨거워 소나기가 자주 내렸다. 밖에는 지금도 빗줄기가 거세지고 있었으니까. 다듬잇돌의 빗물은 아까보다 흥건해졌고 이번에는 펑펑 내쏟는 눈물바람을 보는 것 같다. 동생의 얼굴에 이어서 어머니의 모습이 겹쳐 지나갔다. 동생은 세상을 떠나기 얼마 전 다듬잇돌을 가져가면서 잊을 수 없는 기억으로 남았고 어머니는 생전에 다듬이질을 하시던 기억 때문에 이따금 생각나곤 하는 것이다.

어머니께서 이불 빨래를 하는 날은 수돗가에 빨래가 산더미처럼 쌓인다. 광목으로 된 속옷과 이불껍데기를 치대다 보면 한나절이다. 줄에 널어 말리고 나면 풀 먹이는 일이 시작되었다. 훌

홀하게 밀가루 풀을 쑤어 식힌 뒤 마른 홑청에 축여 다시 또 널었다. 그렇게 몇 차례 드나들면서 손질하고 말릴 때마다 다듬이 포대기에 둘둘 말아 꾹꾹 밟으시던 모습, 또 매끈하게 밟으신 것을 손바닥으로 두드리며 손을 보신다.

그 다음 마지막에 다듬잇돌에 놓고 방망이질을 하게 된다. 반들반들한 방망이로 꼭 음악에 맞춰 두드리는 것 같은 모습에서 어린 마음에도 하고 싶어 두들기다 보면 빨랫감이 아닌 돌에 부딪치기 일쑤다. 그러다가 빨랫감에 구멍을 내었던 생각을 하면서 그렇게 아끼시던 어머니의 다듬잇돌에 대한 연민이 새삼 그리움의 연정으로 남는다.

이 세상 사람이 아닌 어머니와 동생 생각에 젖어 하늘을 하염없이 쳐다보며 유난히 어머니 생전에 그것도 나 어릴 적에 다듬잇돌을 반들반들해지도록 어루만지시며 다듬이질을 하시던 모습이 이렇게 마당을 보면서 새로워진다.

오늘 다듬이질이 아닌 다림질을 해볼까 한다. 지금의 전기다리미보다 더 매끄러운 어머니의 다듬이질을 생각하며 모든 실생활에서 우리 가족에게 아름다운 멜로디를 전하는 동시에 어머니의 가족에 대한 포근한 품성이 가정의 크나큰 디딤돌이 되셨던 생각을 떠올린다. 오늘은 분무기에 물을 뿌려가며 매끈한 다림질로서 어머니의 다듬잇돌에 빨랫감을 두드리는 모습으로 잘 매만져 손질하여 보려 한다.

다듬잇돌을 보며 새로운 나의 삶을, 어머니가 가족에게 헌신하던 마음으로 열심히 다듬잇돌 두들기는 모습을 영원히 되새기며 말이다.

다래나무 살근거리네

다래나무가 감나무에 살근살근 자꾸만 집적댄다.

그럴 수밖에 없는 게 다래나무는 덩굴로 뻗어나간다. 그리고는 옆에 있는 나무를 휘감는 게 일이다. 오늘도 보니 감나무에 잔뜩 얽혔다. 엊그제 작정하고 쳐주었건만 사흘도 되지 않아 친친 감고 올라간 것이다. 잠시 생각하여 보면 덩굴로 뻗어가는 식물들은 벌레도 달려들지 않는 것 같다. 마냥 마음 놓고 뻗어가며 몸을 맡겨도 누구하나 집적대는 일 없이 매끈하여 뻗는 것에 즐거움을 느끼는 듯하다.

감나무를 사다 심은 게 벌써 6년 전이다. 꽤 많이 달리는 바람에 작년부터 곶감도 만들고 홍시도 안치면서 요긴하게 먹었다. 봄이면 쳐다보는 것만으로도 뿌듯한 감나무 잎은 반들반들 윤이 난다. 좌르르 소리 내듯 빛을 발하는 반짝거림을 하염없이 보고 또 보며 보살피고 있는데 다래나무란 녀석이 사흘돌이로 휘감아 대니 자꾸 신경이 쓰인다.

휘감는 게 어디 다래나무뿐이랴. 집 뒤 언덕을 올라가면 칡덩굴은 물론이고 담쟁이덩굴 비슷한 것들이 서로 얽혀 산다. 그리고는 혼자서 잘 크는 소나무와 참나무 등을 휘감으면서 기승을 부린다. 혼자 힘으로 살지 못하고 남에게 의지하는 것 같아 거슬리지만 약자끼리 어깨도 나란히 손잡는 것처럼도 보인다.

하기야 뒷산에만 가 봐도 곧게 자란 나무만 있어서는 풍경이 밋밋하다. 똑바로 뻗어나간 그런 나무에 덩굴도 얽히고 떨기나무도 기대서 자라는 풍경이 더 운치가 있다. 더러 국립공원 같은 데서 보면 여타 나무는 하나 없이 소나무와 잣나무 등만 심어 가꿔 놓기도 하는데 장엄하기는 해도 어딘가 부자연스럽다. 다래나무와 소나무를 봤을 때 단지 괴롭히는 것으로만 볼 수 없는 생태계의 순리가 떠오른다.

한때는 그것을 보고 '너희가 아무리 그래봐야 서리만 내리면 다 죽어버릴 텐데'라고 마뜩치 않게 생각해 왔다. 실제 그들 덩굴과 잡목에 뒤덮인 아름드리나무야말로 모든 나무가 눈서리에 죽어버린 후 비로소 혼자 푸르러지기 때문이다. 그것을 보면 때가 되어 죽을 것 죽어버리고 난 후에 뚜렷이 드러나는 진실 같은 것이 떠오른다. 진실은 언젠가 드러난다는 차원에서 보면 그게 정석이지만 지금은 달라졌다. 진정 강한 것은 일정한 시점이 되어야 나타난다는 의미로 볼 수 있되 바로 그 강하게 되는 배경이 곧 칭칭 감으면서 성가시게 구는 다래나무 덩굴이었다고 생각한 것이다.

우뚝하게 서 있는 아름드리나무는 언제나 씩씩해 보이지만 자칫 독불장군같이 될 것 때문에 덩굴에 시달리는지 모르겠다. 나이가 들면서 생각이 좀 더 부드러워지기도 했으나 세상을 바라보는 안목이 넓어졌다. 동떨어지기 쉬운 게 아주 힘센 강자와 힘없는 약자라면 그렇게나마 서로 어울리는 모습도 바람직하다. 그렇게 서로 꽃 피우고 열매 맺으며 서로 부딪치며 서로 비벼가며 살근살근 부드럽고 아름답게 살아가는 것이다.

가끔 뒤틀어진 채 자란 소나무를 보게 된다. 똑 고르게 자란 나무와는 달리 이들은 긁힌 자국도 많고 더러는 뒤틀어진 채 자랐다. 바람에 꺾였는지 옹이가 생기고 거기서 새 가지가 나와 휘어지다 보면 등걸은 상처투성이가 되고 만다. 똑바로 자란 나무처럼 재목감은 될 수 없으나 온갖 풍상을 겪은 듯 굽어진 것을 보면 감상이 남다르다. 그렇게 자라야 되는 배경이 있을 법하다.

덩굴 때문이라고 단적으로 말할 수는 물론 없다. 하지만 비바람과 폭풍 등이 곧 수시로 휘감는 덩굴과 같이 뭔가 방해는 놓는 과정이라면 그래서 남달리 멋들어진 나무로 자란 거라면 다른 나무를 휘감으면서 자라는 덩굴 또한 나쁘다고만 하기 어렵다. 가령 똑 고르게 자라는 소나무와 참나무 같은 경우 평소 덩굴에 시달리는 과정도 없고 당연히 장애물에 대한 내성이 없었다면 갑작스러운 비바람에 여지없이 부러질 수가 있다. 그에 비해 덩굴에 잔뜩 얽혀 있다 보면 똑바로 자란 나무의 특징인 부러지기 쉬운 약점도 웬만치는 커버하는 힘이 생기게 된다. 알고 보면 모든 게 필연이다. 성가시기는 해도, 가지가 약한 감나무에게는 다래나무가 오히려 유익한 존재다.

굽힐지언정 부러지는 게 이들 나무의 특징 아니었던가. 가령 그들 나무 중에서도 유달리 잘 부러지는 게 있다고 보면 당연한 느낌이다. 남달리 꼿꼿한 기질을, 약간은 굽힐 수 있는 변수를 온통 휘감기만 하는 덩굴에서 수용하면서 형성되는 것도 괜찮다. 올곧은 것도 좋지만 약간의 변수를 묵인할 때라야 의미가 있다. 바로 그 올곧은 기질도 비바람에 가지를 내맡기고 흔들리면서 단단히 굳혀졌다.

감나무는 또 아이들만 올라가도 툭하면 부러질 정도로 약하다. 그것을 생각하면 다래나무 때문에 시달려온 우리 집 감나무도 그래 이만큼이나마 어엿하게 자랐을 것이다. 하다못해 곡식만 해도 어릴 때는 잡초에 시달리면서 자란다. 아무런 방해 없이 자라는 게 반드시 좋은 것만은 아닌 듯하다. 감나무 역시 양지바른 토양에 개울이 가깝지만 성장에 방해되는 게 전혀 없어서는 튼실한 나무가 될 수가 없겠지. 그나마 이따금 다래덩굴에 뒤덮이면서 의지를 키우는 것일 게다. 천적만 해도 그로써 강해진다는데 그 정도는 아니고 밑동을 휘감는 정도에 불과할 테니 특별히 문제될 것은 없다.

살다 보면 성가시게 휘감는 어려움 또한 아주 많을 것이다. 그렇더라도 적절히 쳐내면서 나아가는 것이다. 평탄하지만은 않은 게 길이다. 덩굴도 얽히고 잡목에 뒤덮이고 그것을 제거하고 나가는 것이다. 우리 집 감나무도 그렇게 자라기를 소망해 본다. 이제 손바닥만 하게 익어 다시금 곶감도 만들고 홍시도 안치게 될 날을 고대하면서….

막걸리를 마시며

오랜만에 친구를 만났다.

친구를 만날 때는 수다가 길어진다. 졸업하고 난 뒤의 이야기는 밤새도록 해도 끝이 없다. 엊그제 만난 친구와의 하루가 그랬다. 오전에 만나 차 한 잔 마시고 이어 점심을 먹고 드라이브를 하면서 하루를 보냈다. 해거름에 돌아갈 때까지 바닷가 벤치에 앉아 정담을 나누다 보니 하루가 무척 짧다.

집을 떠나 바로 만났으면 며칠을 여유 있게 시간을 보냈을 텐데 피차 사는 게 바쁘다 보니 여의치 않았다. 그나마 아침 일찍 만나 여기저기 관광을 하고 하룻밤 자면서 회포를 풀었으니 아쉬움을 덜었다. 아득히 먼 옛 친구를 만날 때는 아쉬움을 뒤로

하는 것이 더욱 애틋하고 그리움에 가슴 설렘을 만끽하는 것이 훗날 또 보고 싶을 것으로 느껴져 앞으로는 자주 만나서 적조했던 마음을 풀자고 약속하며 다시 한 번 손을 꼭 잡았다.

맨 처음 찻집에서 만났을 때다. 시간이 좀 빨랐는지 친구는 아직 나오지 않았다. 하릴없이 창가에 앉아 기다리는데 현관문이 열리고 웬 나이 지긋한 여자가 들어온다. 그간 몇 번 손님이 들어온 터라 이번에는 틀림없겠지 하다가 보니 또 아니다. 왜 이렇게 늦는가 싶어 시계를 보는데 그 여자가 예의 다가오면서 어깨를 툭 치는 게 아닌가.

너무나 바뀐 친구의 모습에 내가 미처 알아보지 못했던 거다. 내 친구가 저렇게 나이 든 사람이었던가. 그렇다면 '내 모습도 똑같았을 텐데'라고 실소를 했다. 그 친구가 먼저 결혼할 때 만난 후 처음이었다. 50년 가까운 세월이 흘렀다. 그간 몇 차례 연락은 하고 지냈으나 만난 것은 처음이었다. 당연히 그럴 만도 했다.

전화로만 안부를 주고받았어도 각별한 마음이 드는 것은 서로가 나이를 의식하며 우정 애틋한 마음이 든 것일까. 그 친구와는 서로 가정사와 자식 자랑을 하지 않는, 즉 잘난 척을 하지 않는 것이 서로 이심전심이어서 더욱 순수한 마음이 오가는 것 같다.

점심을 먹고 난 뒤 막걸리 집에 갔다. 녹두빈대떡과 막걸리 한 병을 주문했다. 벌건 대낮이라서 좀 민망한 기분이었으나 서로 살아온 얘기를 주고받다 보니 분위기가 정말 좋고 아늑했다. 아무개 친구는 여태 외국에 눌러 산다더라, 어릴 적 툭하면 말썽을 부리던 그 아무개는 굉장한 부잣집에서 으리으리하게 잘 산다더라고 하면서 우리같이 공부만 아는 친구들은 평범한 월급쟁이 남편을 만나 근근이 살았다면서 제풀에 깔깔 웃기도 했다. "모주(술)하고 친구는 오래 되어야 좋아."라는 말까지 곁들이면서 말이다.

그럭저럭 한 시간을 주고받다 보니 막걸리 병이 얼추 비워졌다. 소주나 양주였다면 그렇게 많이 먹을 경우 보통 떡이 되게 취해서 일어나지도 못한다. 하지만 순하디순한 막걸리는 취한 것 같아도 정담은 여전히 주고받을 수 있었다. 술에 물 탄 듯 물에 술 탄 듯하다는 것은 확실치 않은 사람을 두고 하는 말이었으나 좋게 말하면 유달리 순한 맛 때문에 두루뭉수리처럼 원만하게 사는 모습을 나타내는 것 같다. 그에 비해 약간의 물을 타도 구분이 잘 되지 않는 막걸리는 알딸딸할 뿐 취했다는 느낌은 전혀 아니다. 이도 저도 아닌 게 한때는 답답해 보였으나 얼추 나이가 들면서 마음 편하게 다가오는 것이다.

막걸리는 다른 말로 모주(母酒)라고도 한다. 마셔도 편한 뉘앙스 때문인지 어머니의 술이라는 별명이 붙었다. 선조 때 김제남이라는 인물이 살았다. 본관은 연안이며 그 딸이 15살에 선조의 계비로 들어간 인목대비다. 선조가 죽고 난 뒤 광해군이 왕위에 올랐다. 당파싸움을 일삼던 사람들은 배다른 동생 즉 인목대비가 낳은 영창대군을 경계했다. 나이는 어려도 영창대군은 적출이었고 광해군은 서출이었다.

그런 와중에 이이첨과 정인홍 등의 북인들은 인목대비의 소생인 영창대군을 추대하였다는 음모를 꾸몄다. 김제남은 부인과 함께 제주도로 귀양을 갔다. 모주는 김제남의 부인 곧 인목대비의 어머니가 제주도 유배 시절에 만든 술이다. 막걸리를 만든 찌꺼기를 얻어 다시 걸러서 팔아 손자들과 먹고 살았다. 인근 사람들이 그것을 '대비모주'라 부르다가 지금까지 '모주'로 전해졌다.

여러 번 거르다 보면 당연히 싱거워진다. 하지만 그래서 모주라 하는 것도 친근하다. 맛도 그렇고 그에 깃든 얘기를 들어도 편하고 순하다. 술하고 친구는 오래 될수록 좋다고 했다. 우정도 와짝 타오르는 게 아닌 끈끈하게 오래 이어지는 게 특징이다. 오래 마셔도 괜찮은 술 천천히 마시면 취하기는 해도 난폭해지는 일 없는 것 또한 막걸리다. 똑같이 취할 때도 포악해지는 술이 있다. 막걸리는 너털웃음이 나오는 술처럼 생각된다. 그만치 순해서일까.

하지만 막걸리는 차가워야 맛있다. 다른 것은 무던하고 순한데 오직 하나 차가워야만 맛이 살아난다. 한겨울 얼음 독에서 퍼온 막걸리의 산뜻한 맛은 누구나 알고 있다. 따끈하게 데워야 맛있는 정종에 비하면 특이한 경우다. 모두가 원만하고 둥글둥글 부드럽지만 그런 중에도 딱 하나 맺고 끊듯 혹은 용단을 내리듯 처세가 분명해야 된다는 뜻으로 보인다. 사는 것은 즉 무던하고 둥글어야 되지만 가끔은 무 자르듯 확실한 게 바람직하다. 대부분 순한 송아지가 뜸배질이다. 순하디순한 막걸리도 차갑게 식히면서 보다 깔끔한 삶을 재정립해 보고 싶다.

오랜만에 만난 친구와 함께 막걸리 한 병을 청해 마시면서 감회가 새롭다. 우리 또한 오랜 세월을 걸러낸 뒤에 만났으나 아무리 걸러내도 고유의 맛은 사라지지 않는 막걸리를 보는 것 같다. 자주 만나지는 못했고 세월의 도드미에 여러 번 걸러져도 어릴 적의 애틋한 우정은 그대로인 것에 더욱 따뜻한 연민으로 와 닿는다.

밤이 깊었다. 추억을 안주삼아 어지간히도 먹었나 싶더니 그새 알딸딸하다 싶을 때 바닷바람이 향긋하게 다가온다. 약간 서늘한 느낌에 바람까지도 짭짜름함이 느껴진다. 이제 잠자리를 찾아 일어섰다. 두 손을 깍지 껴 힘주어 잡으면서 주인장의 마무리 작업을 하는 모습을 보면서 숙소로 향하는 우리는 정말 잘 익은, 참으로 아름답게 익은 우정임을 웃음으로 어깨를 부딪쳐본다.

2.

섬돌 있는 집

메조와 차조

우선 좁쌀을 깨끗하게 씻었다. 그 다음 버섯과 미역을 총총 썰어서 양념을 한 뒤 들기름에 볶고 쌀뜨물을 자작하게 부어서 끓였다. 환절기가 되면 입맛이 떨어지고 그럴 때 죽을 쑤어 먹고 나면 속이 편하고 개운하다. 죽은 식어야 맛있다는 말이 생각났다. 잠깐 창가에 두고 거실에 앉고 보니 생각이 많다.

엊그제 장에 가서 조를 한 됫박 사왔었다. 논이 별로 없는 강원도에서는 쌀보다는 잡곡이 흔했고 특히나 보리밥을 주로 먹던 시절에 차조와 메조 밥 중에서도 알이 굵고 노르스름한 좁쌀밥이 고소하고 맛이 좋았던 기억이 불현듯 떠올랐다. 새삼스럽게 옛 생각이 나서 잡곡을 파는 아주머니께 이것저것 가격을 물어

보노라니 메조와 차조가 눈에 띄었다. 보리농사와 메조 등 주로 잡곡을 많이 다루던 고향 바닷가 생각이 났다. 어릴 때의 기억 때문인지 지금도 쌀밥 다음으로 메조밥과 차조밥을 좋아했다.

내 고향 강원도에서는 조를 많이 심었다. 산간지방이라 논이 부족해서 그런지 쌀보다는 잡곡이 흔했다. 기후 탓으로 논농사가 잘 되지 않아 잡곡을 많이 심을 수 있는 밭이 많아서 쌀밥 먹기가 쉽지 않았다. 지금 생각하니 해풍 때문이 아닌가 싶기도 한데 하여튼 특이한 날에만 쌀가게에서 사먹어야 하므로 잡곡을 많이 먹을 수밖에 없었다.

쌀밥은 명절이나 생신 또는 손님이 오는 등 특별한 날에나 먹을 수 있었다. 쌀밥 먹는 게 그리 힘들었는데 지금은 영양학적으로 잡곡이 좋다는 말을 들으니 어릴 때 물리도록 먹은 잡곡이 오히려 건강에 좋았다는 생각이 문득 들곤 한다.

조에는 또 차조와 메조가 있으며, 차조는 말 그대로 약간 차지고 메조는 성근 느낌인데 먹을 때는 차조가 훨씬 부드럽다. 메조는 차지지 않고 끈기가 없다. 또한 차조는 메조와 같으나 검은 빛깔이 돌고 어떻게 보면 또 파르스름하다. 메조보다 차진 것이라 하여 차조라 하는 것 같다. 차조와 쌀을 조금 섞어 차조밥을 해먹으면 한 공기는 후딱 먹을 정도로 달고 맛나다.

조는 보리를 베고 난 뒤에 심는 작물이다. 조의 원형은 강아지풀인데 생각하니 크기만 다를 뿐 강아지풀과 똑같이 생겼다. 콩과 함께 보리를 베고 난 뒤에 심는데 단지 콩보다는 소출이 덜 나기 때문에 지금까지 흔치 않은 작물로 알려졌다. 무덥고 습한 지방에서 많이 재배하는데 5월에 이랑 사이에 씨를 뿌려두고 얼마 후 보리를 베어내고 난 뒤에 가꾸는 작물이다. 조는 작고 둥글고 노란색을 띠는 게 특징이다. 죽을 끓일 때는 쌀과 특별히 좁쌀을 넣어 끓이는 것은 소화가 잘 되고 부담이 없기 때문이다.

게다가 명절이면 그것도 겨울이면 차조로 인절미를 만들어 먹었다. 요즈음에는 찹쌀을 쪄서 콩고물을 묻혀 먹는 게 인절미인 줄 알고 있지만 내가 먹은 것처럼 차조로 만든 인절미 또한 별미다. 아마도 논이 드물어서 농사를 짓지 못해 찹쌀이 귀하다 보니 좁쌀 중에서도 찹쌀같이 차진 차조로 만들어 먹은 성싶다.

어머니가 인절미를 만들 때 동생과 나는 옆에서 하나씩 떼어 콩고물을 묻혔다. 그 다음 쟁반에 차곡차곡 재운 뒤 구진할 때마다 먹으면 참으로 맛있었다. 특별히 생각나는 것은 인절미로 잘게 썰지 않고 크고 길게 썰어서 콩고물에 묻힌 채 그냥 장독대에 올려놓고 굳힌 것이다. 한 이틀 굳힌 뒤 밤참으로 그것을 썰어 부모님과 동생들하고 화롯가에 둘러 앉아 쭉 늘여가면서 먹으면 지금의 찹쌀로 만든 인절미보다 더더욱 맛있었던 기억이 난다. 겨울밤 한 폭의 스케치로 떠오른다. 화롯가에 오순도순 둘러 앉아 먹던 풍경보다 더 따스한 게 있을까.

어머니는 또 가자미 식혜를 무척이나 잘 만드셨다. 가자미에 보리로 만든 엿질금(엿기름)과 메조밥으로 버무려 삭힌 게 가자미 식혜다. 그렇게 만들어 제사 준비하는 모습을 많이 봐왔다. 인절미로 먹을 때는 차조가 그리 차지고 맛있었는데 식혜는 메조로 만들었던 것이다. 쌀을 삭혀 만드는 것이 식혜인 만큼 그 재료는 차진 것보다 약간은 메진 좁쌀이 더 제격이었나 보다. 그 음식은 아버지께서 즐겨 드시는 것도 있지만 유독 제사상에 올릴 때는 하얀 쌀로 하여 백식혜라 하시면서 차려 놓으시는 것을 종종 보아 왔다.

그 시절에 가자미 식혜의 맛과 오늘 이렇게 메조와 차조를 볼 때면 여지없이 어머니와 향수에 젖어 울적한 마음이 든다. 어머니가 계시지 않은 지금 그 맛을 본 게 언제인지 아득할 때가 많다. 생각하니 쌀이 귀해서 그 대용식품으로 좁쌀이 많이 이용된 것 같은데 그래서 더 특별한 영양식을 먹을 수 있었다.

인절미만 해도 찹쌀로 하는 것을 생각하기 쉬운데 쌀보다 오히려 잡곡이 더 비싼 요즈음의 추세를 생각하면 차조로 했다는 것은 영양학적으로도 대단한 일이다. 엊그제만 해도 장에 가서 모처럼 차조를 샀건만 겨우 한 되뿐이었지 않은가. 가난했던 시절 쌀이 귀해서 보리와 좁쌀 등의 잡곡에 물려 지금도 우리 세대 사람들은 하얀 쌀밥 한 번 먹어보는 것을 원으로 삼는 경우가 많았다. 세월이 변해서 그렇다고 하기에는 너무도 동떨어진 느낌이었다고나 할지.

오랜 상념에 젖다 보니 그새 죽이 다 식었으리라는 생각이 들었다. 부랴부랴 주방으로 가서 열어보니 알맞게 잘 식었다. 햇살이 구워낸 것 같은 노란 빛깔이 그대로 살아 있다. 한 대접 떠서 먹으니 구수한 내가 어릴 적 먹던 좁쌀밥 향 그대로다. 날씨가 추워지면 위장의 기능이 떨어지고 그럴 때 먹는 음식으로 적당하다는 말이 아니어도 옷깃이 말려드는 초가을 한번쯤은 먹어봄직한 별식이다. 쌀이 귀해서 먹은 것 치고는 참 맛있었던 음식을 별미로 우정 만들어 먹은 기억이 오랜 날 훈훈하게 남을 것 같다.

모란이 피던 날

모란이 피었다. 별 쏟아지는 뒤뜰에서 화사하게 핀 것은 꽃 중의 꽃이기에 손색이 없다. 붉은 꽃잎과 노란 꽃술이 어우러진 모습은 초여름 꽃이 주는 최고의 환상이었다. 꽃이 탐스럽고 귀해 그런지 옛적 시집가는 여자들이 병풍이나 베개 등에 수놓는 꽃으로 널리 알려져 왔다.

아름다운 꽃에 비해서 향기는 미미하나 그 약점은 풍만하고 소담한 꽃잎과 푸른 줄기가 능히 보완해 준다. 지나치게 예쁘고 화려해서 향기가 덜하다는 것만 빼면 화중왕이라는 이름에 모자람이 없다.

모란의 향기가 미미하다고 알려진 것은 탐스럽고 화려한 꽃

때문이다. 꽃이 미미했다면 그런대로 풍겨 나왔을 향이 지나치게 탐스러운 꽃에 묻혀버린 것 같다. 꽃을 말할 때 향기가 먼저라면 화려한 꽃잎도 탈이 되는 것일까. 우리도 자칫 그런 우를 범하는 일이 없지는 않았다. 가령 지나치게 겉으로만 꾸미는 습관이라면 부족하나마 갖추고 있었을 인격의 향기가 손상되기도 한다.

모란이 우리 집에서 더욱 돋보인 것도 배경에 따른 효과다. 잘 사는 누군가의 화려한 집 정원에서 피었다 한들 지금 내가 갖는 경외감에는 도저히 미치지 못할 것 같다. 가령 나 같은 촌부가 감상했기 때문에 더 의미가 상승되는 것처럼 산 밑의 작고 소담한 집 뜰에서 피어 그리 더 격조 높은 꽃으로 다가왔을지 모른다. 서울에서 살 때도 좋아해 온 꽃이었지만 시골이라 그런지 그때보다 훨씬 예쁘게 보인다.

모란은 젊어서 부귀영화를 누린 삶으로 생각해볼 수 있다. 유달리 화려하고 풍만한 꽃이 온갖 사치 속에서 지낼 동안은 그에 걸맞게 더욱 화려한 이미지로 떠올랐을 것이다. 세세토록 갈 것 같은 부귀영화도 필경은 꽃이 지듯 끝날 때가 도래했을 테고 그래 지금 이 한적한 시골에서 옛날의 운치를 돌아보며 지내는 고즈넉한 기분도 과히 나쁘지는 않았다. 서울에 살면서 모란을 볼 때는 미처 느끼지 못했던 아름다운 감상이 한적한 시골 뒤뜰에서 뜻밖에 더 고조되었다고나 할지.

문득 내가 한 그루 모란으로 시골에 뿌리박은 것 같은 환상에 사로잡힌다. 시골이라고 할지언정 그리고 낙향을 했다 해도 좀 시건방진 말로 아쉬울 것은 없다. 그런 중에도 거침없이 환희작약하며 지낸 날들이 오랜 향수로 스쳐가는 것은 모란을 완상하는 기분 때문이다. 별로 좋아하지 않았던 꽃이 봄만 되면 남다른 향수로 다가오는 것도 솔직히 의아했다. 모란의 상징대로라면 화려한 정원에서 뽐내며 피어야겠지만 내 사는 작은집 뜰에서 소박한 대로 꽃을 피우는 운치도 남달라 보인다.

때로 지나칠 정도의 화려한 뉘앙스의 모란이 수수한 시골집 토담을 배경으로 피고 보니 추악해지기 쉬운 부귀영화에의 집착이 다소나마 덜어지는 듯하다. 작고 조촐한 토담집인 만큼 그에 어울리는 차분한 풀꽃이 제격이기는 하나 가끔은 모란 등속도 자연스럽게 어울리듯 소박한 뜰에서 피는 화려한 꽃이 그런대로 괜찮게 느껴진 걸까. 어쩌다 예전의 사치스러운 날을 기억하면서 얼결에 짜증을 부릴지언정 조금씩 길이 드는 전원생활에 더 많은 애착을 갖게 되는 것처럼…. 나 역시 대처에서 살던 게 가끔 생각나기는 해도 지금은 뜨락의 모란처럼 조금씩 길들여지는 전원생활이 더욱 소중하다.

내게 있어 모란이 더욱 소중하게 느껴지는 것은 이따금 묵화의 소재가 되는 까닭이다. 화려하고 붉은 꽃잎 때문에 주로 담채화를 그려 온 내게는 어딘가 낯설지만 어릴 때 본 찬장의 화조도를 생각하면서 나름대로 구상해 보는 재미가 꽤나 쏠쏠하다. 어릴 적 부엌의 찬장에 화조도로 그려져 있던 게 생각하니 바로 모란꽃이었다. 미미한 향기 때문에 벌은 아니고 화조도라는 이름 그대로 여남은 마리 새가 그려져 있었다.

이렇다 할 그림 하나 보기 힘들었던 시절 유일하게 감상할 수 있는 풍경화다. 시간이 날 때마다 모래밭에 앉아 나뭇가지로 윤곽을 잡으며 감상에 빠져 지내곤 했다. 이렇다 할 화필도 없이 모래밭에 그리는 거지만 미미하게 피는 꽃처럼 조금씩 벙글던 모란 꽃잎은 신비스럽기까지 했다. 화초가 귀했던 시절이라 찬장의 화조도가 아니면 구경도 못해 봤지만 이따금 바닷가에 피는 해당화를 보고 모란을 상상하면서 서투른 대로 연습해 본 그림이 참으로 소중했었다.

어느 때 그림에 파묻혀 날 저무는 것도 모르고 있다 보면 멀리 붉게 물든 저녁노을이 보였다. 그 위에 물새가 날아가면 어린 마음에도 한참씩 바라보던 그 기억. 그리고 뒤미처 어둠이 밀려오면서 멀리 떼를 지어 날아들던 갈매기 그리고 이제 막 항구로 들어오는 고깃배가 참으로 고즈넉했다. 망연히 바라보면서 그림에 대한 소망을 키우고 그때의 꿈대로 서투르나마 묵화에 전념할 수 있게 된 것도 잊을 수 없는 기억이었다.

문득 바람이 차다. 시계를 보니 어느새 해거름이다. 이제 모란은 곧 지고 말 것이나 무에 서운할 것도 없지 싶다. 해가 져도 붉은 노을은 남아 있듯이 봄은 떠나고 여름이 다가와 또 다른 꽃이 뜰을 장식할지언정 모란의 기억은 한동안 내게 남아 있을 것이기에. 오래전 철부지 마음으로 바라보던 화조도의 기억과 바닷가에서 본 저녁노을이 여직 남아 문인화의 애착으로 자리 잡은 것처럼….

무심히 떠가는 구름에서

푸른 하늘에 회색빛 구름이 떠다닌다. 누구를 막론하고 구름을 보면서 불안한 마음보다 푸근함이 더 와 닿을 것으로 여겨진다. 힘들 때마다 하늘을 보는 것은 한가로이 떠가는 구름을 보고 마음이 안정되기 때문이다.

구름은 우선 십장생의 하나다. 십장생이란 누구나 알다시피 오래 살거나 죽지 아니하는 열 가지의 물건 곧, 해·산·물·돌·구름·소나무·불로초·거북·학·사슴 등 중국에서 전래된 신선사상으로 고려시대에 우리나라에 들어온 것으로 추측되었으나 예전에 우리 어머니가 시집오실 때 베갯머리에 해와 소나무로 수놓았던 것을 본 적이 있었다. 결혼하여 오래도록 행복하기를 염원하면서 한 뜸 한 뜸 정성스레 수놓았을 것임에 새삼 어머니의 모습을 그려본다.

그런 만큼 바람이 불 때마다 여지없이 흩어질 때는 어쩐지 생소하지만 없어진 것 같다가도 계속 생겨나는 걸 보면 그럴 법하다는 생각이 들기도 했다. 구름 하면 날씨가 연상된다. 아주 높을 때는 얼음알갱이를 갖고 있는 눈구름이다. 겨울에 눈이 내릴 때는 높은 허공에서 펄펄 날리는 것은 그 때문이다. 반면 비구름은 낮게 떠 있어 어느 순간 후두둑 금방 쏟아지는 것이다.

구름의 최전성기는 여름이다. 특별히 기온이 높고 습도가 높아지는 하지 무렵의 뭉게구름은 환상처럼 아름답다. 그것이 장대비로 쏟아지면서 가뭄이 해갈되고 더위가 주춤하는 것도 하나의 과정이다. 그중에서도 '하운다기봉(夏雲多奇峯)'이라 하듯 여름의 구름은 수많은 산봉우리처럼 다양하지만 그렇게 형성된 구름이 얼마 후 비구름이 되고 태풍을 부르게 될 것을 생각하지 않을 수 없다.

구름이 생기는 원인은 간단하다. 여름날 컵에 찬물을 부어놓으면 주위에 작은 물방울이 생긴다. 이것은 컵의 온도가 내려가면 주변의 공기가 차가워져서 이슬점이 되어 수증기가 물방울로 바뀌기 때문이다. 우리 살 동안의 모든 희비애락도 삶의 구름이 되어 어느 날 퍼붓듯 쏟아지고 몰아치지만 여름내 만들어진 구름이 끝내는 비로 쏟아져 가뭄이 해갈되듯 삶을 윤택하게 만들어주는 셈이다.

대기 속의 수분이 엉겨 높이 떠 있는 것은 또한 높은 곳에서 나의 모자람을 채찍질할 것이기에 살아갈 동안 큰 길잡이가 될 수 있다. 나 또한 슬쩍 지나는 구름결이 아니라 풀솜을 펼치어 놓은 고운 구름결에 탄성을 부를 수 있는 매개체 역할도 해보고 싶다.

하지만 구름이 꼭 좋지만은 않은 게, 어느 날 온통 구름으로 뒤덮일 때는 진땀이 흐르고 팔다리가 욱신거리며 진정이 되지 않는다. 그렇게 한참 못 견디게 아프다가도 얼마 후 구름이 흩어지고 파란 하늘이 드러나면 창호지 문을 통해 보는 싱그러운 풍경처럼 가라앉는다.

생각하니 그것은 구름의 종류에 따른 결과다. 내가 별안간 무릎 통증에 시달릴 때는 습기가 많은 먹구름으로 뒤덮였을 때지만 비가 쏟아지면 더없이 상쾌했다.

비가 내리지 않고 흩어질 때도 통증은 가라앉는데 그보다는 한바탕 쏟아지고 날 때가 더 시원하다. 구름으로 하여금 마음의 안정을 느낄 사이도 없이 불편할 때면 여지없이 비를 부르고 바람을 부르는 것에 오늘 날씨를 예감하는 듯하다. 살면서 구름처럼 나를 힘들게 하는 것이 있다면 그도 마찬가지일 것이다.

역경과 시련이 구름처럼 흩어지기도 할 테고 혹은 비로 뿌리기도 할 것이나 어떤 경우든 축축하게 괴롭히는 상황은 오래 가지 않는다는 그 점이라 하겠다. 구름이 끼는 상황에 따라 아프기도 하고 유쾌하기도 한 것은 수시로 바뀌는 삶의 곡절과 희비애락을 뜻한다. 무엇보다 구름은 흘러가는 게 특징이었으니까. 그것도 스스로가 아닌 바람 부는 대로 흩어지는 것을 보면서 순리대로 살 것을 다짐해 보는 것이다.

아울러 거기 연연할 것도 아닌 게, 모든 것은 금방 금방 지나가기 때문이다. 지금 몹시 슬프다고 혹은 살아가는 것에서 많은 길잡이 역할도 하는 것 같은 마음이 들 때는 높은 하늘에서 나를 내려다보며 '그래, 그렇게 사는 거야'라고 고개를 끄덕여 주는 듯했다. 힘들고 어려울 때 무심히 하늘을 보고 둥둥 떠가는 구름을 보게 되는 것도 필연이다. 꽈리처럼 부풀어 오르다가도 어느새 거짓말처럼 사라지는 것을 보며 모든 것은 금방 지나간다는 섭리를 깨우친다고나 할지.

하지만 구름은 언제나 여유롭고 멋있지만은 않다. 먹구름이 낄 때는 금방 비가 쏟아지기도 한다.

비가 오면서 꿉꿉한 날씨가 되고 하늘이 별안간 우중충해져도 그 다음 비치는 하늘은 무척이나 푸르다. 바람 부는 대로 흘러갈 때는 유유자적 한가롭고 특별히 여건을 거스르지 않고 사는 경건한 자세로 보아 타당할 것이다. 누구든 자기 하고 싶은 일이 있을 것이나 그 또한 마음대로 되지는 않는다.

결국 세상 가장 현명한 처세는 순리에 따라 혹은 상황에 맞춰 사는 그것으로 집약될 수 있다면 무심히 떠가는 구름이야말로 내 삶의 영원한 길잡이가 될 것으로 본다.

문명의 이기(利器) 때문에

차창 앞에 잠자리가 죽어 있다. 막 자동차 시동을 거는 찰나 눈길이 멈췄다. 고이 잠든 것처럼 죽어 있는 잠자리 한 마리.

언제 죽었는지는 모르되 지금도 여전 붉은 날개가 짠하게 곱다. 장마가 끝나고 나면 과꽃 피는 뜨락과 코스모스 피는 들판을 거리낌 없이 날아다닐 텐데 그리 죽고 말았다. 그 옆의 백밀러에는 또 수많은 나방이 얽혀 죽었다. 다닥다닥 붙어 죽은 걸 보고 괜히 놀랐다. 흩날리는 나방가루가 묻으면 두드러기가 번지면서 가려웠던 생각을 하면 몹쓸 해충이었으나 막상 죽은 걸 보니 마음이 안됐다. 미용실 사인볼(주마등)마다 죽어 있는 하루살이들 혹은 실내의 형광등에 죽어 있는 날파리도 부지기수다.

생각하면 공연한 죽음이었다. 그들로서는 뜻밖의 재앙이었으며 우리로서는 미안한 일이다. 죽이기 위한 시설은 아니었으나 하필 거기 붙어 죽는 수많은 곤충을 생각하면 유감이다. 그중에는 불빛이 아니어도 밤을 넘기지 못하고 죽을 하루살이도 많으나 명이 다한 건 아니었다. 그 위에 하필 약속이나 한 듯 등불에 붙어 죽었다. 우리 추구하는 문명으로 자연의 일부가 다친다는 게 마음에 사뭇 걸렸다.

엊그제 집 앞 가로등 밑에 죽어 있던 새 한 마리가 생각났다. 보나 마나 전봇대에 부딪쳤을 것이다. 우연히 그 밑에서 죽은 것일 수도 있지만 이따금 길을 가면서 전봇대 밑에 죽어 있는 새를 자주 보았기 때문에 그리 생각한 것이다. 날아가는 새가 부딪치는 것은 흔한 일이되 하필 전봇대라서 변을 당한 게 아닌지 모르겠다. 저번 날에는 우리 집에서 진을 치고 살고 있는 고양이도 새를 잡아먹었는지 새털만 여기저기 널브러져 있었다.

안타까운 마음이 들었지만 왜 어쩌다 고양이에게 잡혔는지 혹여 몸이 불편하여 피할 수 있는 여력이 없어서 고양이의 먹이가 되었는지 재빨리 날았으면 죽음은 면했을 것을 하는 안쓰러운 마음 금할 수 없었다. 오늘 이 처참하게 죽은 새 역시도 나뭇가지 또는 짚북데기였더라면 부딪친다 해도 잠깐 정신을 추슬러 날아갈 수 있지만 전봇대와 가로등에 부딪쳤다면 즉사할 수밖에 없다. 우리가 만들어 놓은 문명의 이기(利器)에 부딪쳐 상처를 입고 죽기까지 하는 사태가 영 씁쓸한 기분이다.

큰 길을 지나갈 때도 보면 자동차에 깔려 죽는 동물이 많다. 고양이가 죽어 있는 건 물론 고라니도 수없이 죽는다. 왜 분별없이 뛰어들어 죽는지 안타까우면서도 생각하니 옛적 나 어릴 때에는 그렇지 않았다. 지금과는 따지고 보면 위험할 것도 없이 좁은 오솔길이고 죽기는커녕 그들의 산책로였다. 그러던 것이 찻길로 바뀌면서 수많은 자동차가 다니고 그로 인해 생긴 여파다. 운전하다 보면 고라니가 뛰어드는 순간 갑자기 브레이크를 밟아 보는데 그 순간 아찔한 사고로도 이어질 수 있는 위험한 일도 느꼈다. 그러다 보면 사고가 나기 십상이라고 생각한다.

가령 한 사람이 비켜간다 해도 또 다른 차를 만나게 되고 혼란이 야기될 수밖에 없으니 수많은 동물이 죽는 참변이 이어진다. 일부러 그런 것은 아니어도 죽는 게 흔하다면 최대한 줄이는 마음이 필요하지 않을까. 우리나라의 전통 무예 활쏘기만 해도 촉을 박지 않은 화살로 무예를 연습하는 경우가 더러 있었다. 어느 정도 숙련되면 그때는 진짜 활을 쏘면서 기량을 뽐내겠지만 연습할 때는 촉 없는 화살을 날리면서 잠깐이나마 생명의 소중함을 생각하는 건 훨씬 도덕적이다.

우리 손자(자민이)조차도 잠자리를 잡으면 잠자코 놓아준다. 여름방학 때 가보면 뜰에서 잠자리를 잡느라 분주해도 기껏 잡고 나서는 훌훌 날려 보낸다. 잠자리를 잡는 녀석은 그저 흐뭇하고 앙증맞지만 더 예쁜 것은 그대로 놓아줄 때였다. 녀석의 행동이 촉 없는 화살을 날리는 것과 같지는 않아도 오히려 더 큰 의미가 있지 않을까. 철부지 아이들 깜냥에도 잠자리를 잡으면서 단지 유희를 즐길 뿐, 까닭 없이 괴롭히거나 혹은 잘못 다루다가 죽게 되는 것은 원치 않았을 것이다.

촉 없는 화살은 부드러운 느낌이지만 허공을 뚫고 가는 탄력성에 타박상 정도는 입는다. 그러나 손자가 잡은 잠자리는 순간 놀라기야 하겠지만 그 외에는 무엇 하나 다치지 않았다. 어른이었다면 손아귀 힘에 다칠 법도 하련만 기껏해야 고사리 손이다. 잠자리를 생각하면 미소가 떠오르는 것도 해맑은 계절 때문일까. 붉은 날개가 가을 풍경에 어울린 것도 특이했다.

오늘 죽은 잠자리와 새는 안쓰러워도, 게다가 앞으로 계속 그런 상황이 속출할지언정 우리가 만든 문명의 이기 때문에 죽는 동물의 아픔은 생각해야 되지 않을까. 일례로 매월당 김시습은, 어릴 때 새가 죽은 걸 보고 조문을 지어 예를 표했다. 새가 죽었는데 사람이 곡하는 것은 가당치 않으나 우리 때문에 죽었으니 유감이라면서.

그 새는 필연 그 집 유리창이나 돌난간에 부딪쳐서 변을 당했겠지만 저의 집에 와서 죽었다고 제문까지 지어 올리는 마음이 참 예쁘다. 사실 제문까지는 번거롭고 죽는 거야 또 저희들 운명이어도 혹 우리가 설치해둔 것에 부딪쳐 죽을 때는 최소한 유감을 표하는 자세라야 예의일 것 같다. 그것이 죽어간 것들에게 약간이나마 위로가 될 거라고 믿는다.

갑자기 나도 이미 죽은 잠자리를 위해 한 구절 제문이라도 지어볼까 하는 마음에 딴 때 없이 고즈넉하다.

바람꽃

오후 4시쯤 되었을까. 돌연 세찬 바람이 불었다. 휘파람 같은 소리와 함께 이웃집 양은그릇과 과일 담는 스티로폼 등이 허공으로 휩쓸려간다. 오늘 아침 태풍이 지나갈 거라는 예보가 나왔지만 굉장한 기세다. 예보를 듣고 나서 집 안팎을 돌며 점검은 해 둔 터였다. 뒷동산에 혹 뿌리가 들뜬 나무라도 있을 경우 바람에 휩쓸려 지붕을 덮칠 것도 걱정이었다. 아니면 지붕의 물받이에 온갖 솔잎과 나뭇잎이 쌓여서 막히기라도 하면 마당으로 물이 잔뜩 고일 것이기에 꼼꼼하게 살피지 않으면 뜻하지 않은 낭패를 보기 때문이다.

아직 캄캄하지는 않으나 정말로 큰 바람이 일어나려는지 저

먼 산에 구름과 함께 뽀얀 기운이 감도는 게 자못 걱정이다. 어쩌지 바람꽃을 보는 것 같던 그 기분. 바람꽃은 이미 알려진 대로 큰 바람이 일어나려고 할 때 먼 산에 구름같이 끼는 잿빛 기세를 말하는데 내 고향 바닷가에도 태풍이 불라치면 검은 구름부터 일렁이곤 했다. 당장 바람이 부는 것은 아니지만 그런 식으로 해서 태풍에 피해를 받지 않도록 하는 일종의 예보 현상이었던가 보다.

자연 재해는 우리가 어떻게 할 수는 없지만 기미를 보고 미리미리 점검하라는 여유시간을 주는 것은 이 또한 자연의 섭리로 받아 들여야겠지 싶다. 검은 구름이 마치 파도처럼 일렁이면 여지없이 바다에는 뽀얀 성처럼 파도가 매섭게 일렁였다. 어린 마음에도 무서운 것은 그 다음이고 그렇게 우람하니 멋있었던 기억이 새삼스럽다. 철부지 때였다.

그것을 생각하니 꽃이라고는 해도 약간은 과장되었다는 기억이다. 구름의 모양새는 당연히 꽃처럼 봉오리 지기는 했으나 험악한 기세로 몰려드는 건 시꺼먼 먹구름이었다. 그 다음에는 으레 엄청난 파도가 몰아치는데 철없던 나는 그 파도를 꽃처럼 여기며 아름다운 파도 꽃으로도 연상하였으니 말이다.

그나마 지금 이 일기예보에는 철이 들었음인지 무엇 날아갈 것이 없나 쓰러질 나무는 없나 정리하는 마음은 옛 일을 더듬는 기회로 남는다. 바람꽃하면 그늘바람꽃, 들바람꽃 등 초여름에 고산지대에서 피는 여러해살이풀로 알고 있으나, 오늘 이 바람꽃은 세찬 바람 즉 태풍과도 같은 바람을 이름이다. 먼 산의 구름같이 끼는 뽀얀 기운이 흡사 바람꽃과 같은 현상이고 파도의 하얀 비누거품과도 같은 모습과 지금의 뽀얀 구름을 연상시켜 보는 마음은 흘러간 세월에서의 추억이다.

앞으로 상상하기 어려운 큰 바람이 지나갈 수 있으나 해마다 겪는 일이었다. 그리고 한번쯤은 지나가야 하는 게 그런 바람이 한 번 몰아쳐야 무더위가 가신다. 더불어 바람 하면 날씨에 관련된 것뿐이 아닌 세상살이에서도 필요한 것이다. 살아가면서 바람 같은 운명이 한바탕 지나갈 때마다 인격적으로 높아지기도 하는 것은 모두 아는 일이다.

흔한 얘기로 정치만 해도 나로서는 관심도 없는 일이지만 가끔은 정치하는 분들로서는 큰 바람이 일 때도 있는 것 같다. 정치에 대해서는 지식도 아는 바도 없으나 모르기는 해도 그 정치바람도 일렁이듯 하면서 바람직한 정치바람을 일으키려하는 마음, 더 발전하는 나라 위한 바람이겠거니 하며 뉴스를 바라볼 때가 있다.

아무튼 오늘 같이 바람꽃으로 시작될 그 바람으로 무더위가 가시고 초가을 선선한 바람이 불어가듯 보이지 않는 운명의 회오리로서도 우리 모두에게도 크게는 국가적으로도 회오리를 일으키는 모습을 많이도 보아 왔다. 나 자신뿐 아니라 우리 모두가 굳건히 이겨왔음을 그 삶이 보다 윤택해지는 것은 우리 어떻게 살아야 할지를 제시해 주는 계기로 충분하다. 오늘 이 바람꽃도 부디 농어촌에 피해를 입히지 않는 아름다운 바람꽃으로 피기를 바라지만 그로 인해 바다의 물갈이가 시작되면서 더 많은 고기가 잡힐 수 있으면 또한 좋겠다.

바람도 세차게 불어야 흐느끼며 반성할 수 있고 모든 이들에게 피부로 와 닿을 것이다. 불어줄 수 있을 때 느끼고 깨우치는 결과가 될 것을 오늘 이렇게 바람꽃 부는 날 스스로 살아가는 것에 후회와 용서를 구하며 바람결을 의지해서 따라 가본다.

봄, 여울목을 거닐다

봄볕이 쏟아진다. 언덕에 올라 언덕 아래 옹기종기 모여 있는 너무나도 예쁜 마을을 내려다본다. 지휘자도 없이 연주되는 봄의 교향곡이 들리는 것 같다. 언제 대지의 문이 열렸을까. 어딘가 열쇠라도 있는지 알 수 없는 일이되 그렇다면 일시에 푸르렀을 텐데, 풀꽃부터 눈 뜬 것을 보면 누군가 하나씩 밀어 올렸다는 의미처럼 보인다. 작은 풀잎들을 손으로 만져보면서 연하디 연한 풀잎에 다정함마저 느낀다.

그렇더라도 왜 작은 풀이 먼저 돋아나는 것인지. 성급한 봄이라 해도 차례는 있었던 걸까. 하기야 새싹은 처음 들판에서부터 돋기 시작했다. 냉이며 씀바귀 그리고 달래 등이 삐죽삐죽 모습을 드러낸다. 나물이 어느 정도 자리를 잡아야 나무가 잎을 단다. 들판의 싹이 트는 그 며칠도 되지 않는 차이를 그렇게 꼭 지켜야만 했을까 싶지만 그게 아니고는 엄청난 혼란이 야기될 것 같아 그런 섭리가 지배하는 거라고 생각했다.

가령 나무가 먼저 싹을 틔운다면 그 밑에서 자생하는 풀들은 그늘 때문에 자랄 수가 없다. 봄날의 무료함을 달래면서 작은 것을 주관하는 더 큰 자연의 섭리를 배운다. 연년이 돌아가는 계절의 수레바퀴도 그러할진대 우리 삶은 더 말할 나위가 없을 거라는 생각에 돌연 고즈넉한 느낌에 휩싸인다.

야트막한 산을 끼고 오르자 냇물이 다가온다. 나는 올라가는데 물은 내려온다. 내려오는 물줄기 옆으로 이끼 낀 잎새 밑에서는 도롱뇽 알들이 투명한 막에 들어앉아서 탐스러움을 보여준다. 햇살에 송글송글 땀이 솟는다. 싱그러운 바람이 지나가고 문득 봄의 서곡이 울려 퍼진다. 연습도 없이 즉흥적으로 표출되는 자연의 소리에서 메아리 같은 여운을 돌아보았다. 봄의 시작은 언제나 겨울의 한 모퉁이였던 것을 생각해 본다.

봄은 늘 겨울의 발치에 머물러 왔다. 봄은 언제나 앙상한 겨울 한 자락에 깃들인 채였다. 춥기는 해도 그 속에서 봄을 기약하는 것인데 우리 모두는 춥다고 겨울만 원망할 뿐, 천지를 다

얼리는 냉기가 봄의 그것을 품어 안을 수 있음을 생각하지 않는다. 봄의 전령으로 남기 위해 맨손으로 떠받치는 계절의 아픔은 물론이고 삭풍을 안은 채 견디는 꽃눈도 생각지 않으니 눈 속과 얼음 구덩이에서 견디는 씨앗의 눈물을 어찌 알겠는가.

겨울 때문에 봄이 아름다운 사실이 해를 거듭할수록 새롭게 느껴진다. 봄이라 해도 어느 날 불쑥 따스해진 게 아닌, 한겨울 눈 속에서 머리를 쳐들고 기다려 왔다. 화려한 풍경만 보고 봄이 되면서 시작된 개화인 줄만 아는 것처럼, 과정은 무시한 채 결과에만 치중한다. 한바탕 모래바람이 일다가 곧이어 맑아지는 하늘에서 겨울을 비집고 태어난 봄이라 가끔 그렇게 두 계절의 터널을 오가는 것을 보곤 한다.

바람이 분다. 기울어지는 숲과 나무가 모두 한 곳을 향해 서 있다. 골짜기에서는 중심을 향해 있고 산기슭의 그것은 정상을 바라보고 서 있다. 잎이 흔들릴 때도 꼭대기부터 시작되고 차츰차츰 밑으로 내려오는 걸 보니 높은 곳에서는 바람이 더 세게 부는 걸 알겠다. 높은 이념에 따르는 필연의 역경과도 같다는 생각을 해 보았다. 살면서 새기는 공통의 지표가 떠오른다. 사는 것은 달라도 마지막 추구하는 것은 너나없이 같음이다.

어쩌면 사는 것이 모두가 같을 경우 삶을 추구하든 그 어떤

목표를 향하든 모든 것에 너나없이 어설프고 긴장감이 없을 것이로되, 모두가 새기는 또한 사는 것을 달리하며 서로 배우고 곁눈질 할 수 있을 때 깨달음을 얻을 수 있을 것임을 다시 한 번 되새겨본다.

오후가 되자 봄볕이 더욱 노곤해진다. 언덕을 내려가는 발걸음이 오늘따라 자꾸 늘어진다. 뼘만치 자란 산그늘을 등진 채 오늘의 모든 것을 떨쳐 버린다. 언덕을 돌아가니 산수유나무에 달린 좁쌀처럼 화사한 분위기가 잡힐 듯 아련하다. 그것만 봐도 이제는 진짜 봄이다. 불현듯 봄맞이 채비를 서둘러야겠다는 생각이 들면서 봄 여울목을 돌아나갔다.

텃밭을 일구던 날

아욱국을 끓였다. 쑥갓도 한 줌 데쳐서 참기름에 무쳤다. 탑탑한 게 맛있다. 갓 올라오기 시작한 상추도 씻어 겉절이를 하니 뒷맛이 깔끔하다. 초여름이면 봄에 뿌려둔 푸성귀를 다듬어 반찬을 만드는데 정갈하고 산뜻한 맛이 유독 돋보인다.

처음 씨앗을 뿌리던 게 엊그제 같은데 어느새 국거리로 자란 것이다. 고랑마다 너울거리는 잎이 얼마나 탐스러운지 모르겠다. 좀 더 지나면 고추와 애호박도 달릴 테니 고추전에 호박전까지 부치고 된장찌개에 넣을 수도 있겠다. 고량진미라고 할 것은 아니었으나 식탁은 갈수록 풍성해질 테니 벌써부터 설렌다.

얼어있던 개울 아래뜸의 세찬 물소리가 나를 일깨워 준다. 어느새 봄이 왔다고 하늘을 우러러 힘찬 모습을 보이라고 한다. 엊그제만 해도 뿌옇게 뒤덮인 미세먼지 속에서 참으로 답답한 마음이었는데 오늘은 가랑비에 푸르른 잎을 보면서 무심결에 밖으로 나오게 되니 그럴 법도 하다.

옳다구나 싶어 텃밭에 앉아 당파 씨 한 줌을 넣었다. 새삼스럽게 씨 뿌리기 딱 좋은 날씨라는 게 실감이 간다. 처음 밭을 만들고 씨를 뿌리던 기억이 스쳐갔다. 봄비가 내리던 날이었지. 어느 날 하루 비가 오고 나니 겨우내 얼어붙어 있던 땅이 녹작지근하게 풀렸다. 새싹을 틔우고 나뭇가지에 파고드는 보슬비 소리가 선율처럼 떠돌았다. 바야흐로 봄맞이 문턱에 들어선 세상을 보는 듯 종일 들떠 지내던 기억.

빗속을 누비고 다니는 것을 즐겨 하였던 내게 이 얼마나 정다움인가. 이제 며칠 후에는 새싹이 돋고 꽃도 피어날 것이다. 늘 비 오는 풍경을 그리워하고 즐거워했다. 거리를 비 맞고 헤매고 다니는 것을 좋아 했었는데 지금 이 빗속에 우리 집 마당의 흰둥이가 꼬리를 흔들며 왔다 갔다 하는 모습에서 나를 보는 듯하다.

작업복을 입고 뜰에 나섰다. 호미를 찾아 들고 텃밭에 들어서니 할 일이 많다. 잡초를 뽑아내고 보니 허물어진 밭고랑도 북돋워야 했다. 봄비를 맞아 촉촉해진 땅에서 구수한 흙내가 묻어난다. 호미로 두둑을 만든 뒤 돌멩이를 골라냈다. 비닐이며 티 덤불을 말끔히 골라낸 뒤 쑥갓이며 아욱 씨를 뿌렸다. 1차로 뿌린 푸성귀가 가뭄에 시들 걸 대비해서 늘 그렇게 연작으로 심곤 한다. 지금 먹고 있는 게 다 시들 즈음이면 또한 얼추 자라서 아쉬운 대로 먹을 수 있기 때문이다.

밭 가장자리 두둑을 높인 후 가지모 네댓 개를 꽂고 담벼락 밑에는 호박모종을 했다. 울타리 밑으로 도라지와 더덕씨도 한 줌 뿌리고 나니 어느새 한나절이 되었다.

내친 김에 꽃밭도 손질하기로 했다. 돌무더기 가장자리에 있는 목단은 탐스러운 싹이 돋았고 금낭화도 조발조발 수많은 주머니를 달았다. 저 아래 목련도 하얀 꽃등을 달고 있는 게 금방이라도 필 것 같다. 진달래와 철쭉도 발갛게 봉오리 진 게 완연한 봄이다.

봄은 어느새 텃밭을 지나 뜨락에까지 당도해 있었던 걸까. 지난해 산에서 캐다 심은 취나물도 벌써 움트는 중이다. 고사리 역시 아기 주먹 같은 순이 뻗어 나왔다. 곤드레 나물도 파랗게 어우러져 나물을 해 먹어도 충분하겠다.

그새 옷이 촉촉 젖었다. 보통 청경우독이라고 해서 맑은 날 밭을 갈고 비 오는 날은 책을 보며 소일하는 법인데 오늘 나는 우경(雨耕)의 경지에 빠져들었다. 봄이 되어 파랗게 움트는 세상을 나 또한 비를 맞으며 바라보고 있다. 일이라고 할 것도 없이 심심파적이었건만 때 맞춰 봄비가 흩뿌리기나 하듯 날리는 가랑비로 온 밭이 푸르러지는 게 보기만 해도 싱그럽다. 한나절 비를 맞으면서 밭을 갈며 행복에 젖던 우경(雨耕)은 이제 꿈 속 같이 흩뿌리는 우경(雨景)에 심취해 있다. 손바닥만 하기는 해도 그곳이 곧 행복의 온상인 듯 더 소중했다고나 할지.

솔직히 나는 농사에 문외한이다. 호미 한 번 잡아본 적 없고 흙을 밟고 걷는 것을 즐거움으로만 여겼을 뿐 일거리로서의 생활을 해보려 하지 않았다. 어디 밭둑을 지나다가 개미 한 마리라도 덤비면 그야말로 질색했는데 이제는 길을 가다가 텃밭에서 일하는 정경만 봐도 푸근해진다.

이제 텃밭 농사에 조금이나마 재미를 붙이고 사는 날들이 점점 애착이 가고 소중해진다. 아무리 그래 봤자 작은 텃밭이 고작이지만 구수한 흙내와 파릇한 전원풍경에 하루하루 익숙해지는 자신을 보면 나도 한 사람 자연인이었음을 느끼곤 한다. 사는데 찌들다 보면 누구나 자연에 집착하게 된다지만 그 또한 순리였을 것이다. 누구를 막론하고 세파에 시달리다 보면 으레 아름다운 자연이 생각나는 건 당연지사일 것이다.

이제는 또 바야흐로 초록을 일구기 시작하는 봄, 한나절 비를 맞으면서 행복에 젖어 있다. 나만의 방식으로 나만이 느끼는 이 행복을 오롯이 지키고 싶다.

붉게 물든 산을 오른다

며칠 동안 지분거리던 가을비가 그치고 푸른 하늘이 활짝 드러났다. 비가 온 끝이라 날씨는 화창하고 시원해서 등산을 하기에 아주 제격이다. 건강으로 보나 체력으로 보나 등산은 무리였는데 따라간 것은 기실 날씨 때문이었고 특별히 행선지가 경치 좋은 충북의 괴산이었다는 게 마음이 더 솔깃했다. 충북의 괴산은 언제라도 마음을 차분히 가라앉히는 느낌으로 가끔 길을 나서고 싶을 때 생각나는 곳이다.

차창 밖의 풍경은 완연한 가을이었다. 은행나무 가로수는 그새 물들었고 바닥에 떨어진 잎은 금빛 융단을 깔아놓은 듯했다. 멀리 노랗게 혹은 붉게 물든 나무가 꽃구름처럼 피어난다. 녹음에 뒤덮여 있던 산야가 그새 만추의 계절에 접어들었다. 색색으로 물든 아기자기한 산등성이를 바라보며 어린애처럼 설레는 마음으로 올라갔건만 웬걸, 절반도 가기 전에 벌써 다리가 후들거린다. 멀리 올망졸망 늘어선 마을과 수려한 경치에 이끌린 것도 잠시 숨이 가빠오기 시작했다.

몇 번씩 쉬었다가 오르기를 수없이 반복했다. 까까비알도 거침없이 오르는 사람들을 도무지 따라갈 수가 없다. 너무 무리해서 따라온 게 아닌가 싶어 막연했다. 별수 없이 몇몇 사람들과 뒤처져서 가기로 했다. 가장 나이가 많은 나를 위해 동행을 자원해준 친구들과 천천히 가다보니 오히려 마음이 차분해져서 참 다행이었다. 허물없이 지내는 이들과 뒤처져 가는 걸음에서 보는 풍경이 오히려 더 선명하게 다가온다. 맨 처음 날렵한 걸음으로 올라올 때는 미처 보지 못했던 자잘한 풀꽃도 선명하게 들어왔다. 게다가 피곤한 끝에 천천히 걷다 보니 모처럼 하늘을 바라볼 여유도 생기고 구름은 또 얼마나 싱그러운지 마음이 다 상쾌해졌다. 참으로 산행이라는 것은 한 발짝 내딛을 때마다 마음의 빛을 그것도 가끔 빗나갔던 마음을 정갈하게 일깨워준다.

남보다는 늦게 정상에 오르겠지만 그렇게라도 가는 것이 더없는 즐거움으로 여겨진다. 생각하기에 따라 훨씬 합리적일 수도 있다고 생각했다. 예를 들어 길이 없는 덤불을 가는 중이었다면 앞서 간 사람의 발자취를 따라갈 수 있어 한결 수월하다. 남이 만들어 놓은 길을 편하게 가겠다는 심리보다는 남보다 늦게 가야 되는 울적한 마음을 그렇게라도 달래고 싶다. 아울러 빨리 가는 것에 급급해 왔던 젊은 시절을 얼추 내려놓은 지금은 보다 느긋한 마음으로 살면서 속도에 대한 중압감을 완화시킬 수도 있을 테니까.

얼마 후 마침내 정상에 올랐다. 앞서 간 일행들은 벌써 휴식을 취하며 오순도순 이야기꽃을 피우고 있다. 멀리 펼쳐진 괴산 시가지며 푸른 들판이 손바닥에 잡힐 듯 아련하다. 올라온 만큼 내 사는 세상은 더욱 작게 보인다는 게 오늘따라 새로운 시각으로 다가온다. 저 속에서 아옹다옹 살아가고 있을 누군가의 모습은 곧 나 자신이었다는 생각이 들었다. 높은 산에 오르고 나서야 서로 얼굴 붉히고 사는 희비애락이 진정 아무것도 아니라는 걸 새삼 보고 느낀 셈이었다.

정상을 내려가기 시작한 것은 해가 뉘엿뉘엿할 때였다. 시간은 얼마 되지 않았으나 짧은 가을 해가 설핏해지니 오슬오슬 한기가 돌았다. 다시금 또 내려갈 게 걱정이었으나 생각보다는 별반 힘들지 않았다. 점심을 먹고 난 후라 속이 든든한 탓으로 보았는데 그보다는 내리막의 특징 때문이었다. 힘들어서 숨차게 올라갔던 것과는 달리 내리막은 걸음이 빠르지 않은 그게 더 유리했었나 보다.

올라갈 때는 빠른 속도가 유리했을 것이나 뭐랄까, 내리막 삶에 접어든 내가 등산을 구실로 오르막을 타자니 무리였던 건 당연하거늘, 나 또한 이태 전만 해도 등산쯤은 놀이 정도로 생각했었다. 운동신경이 발달한 편이고 남달리 걸음도 빨랐는데 지금 생각하니 그때는 내려갈 때가 힘들었었다. 올라갈 때는 그야말로 단숨에 답파했는데 걸음이 빠르고 날렵하다 보니 내리막에서는 오히려 힘들었다. 크게 차이는 나지 않을지언정 속도로 좌우되는 오르막과는 달리 내리막에서는 조절이 필요하다는 걸 깨우친 기분이다. 몇 년 사이에 체력이 약해졌어도 내리막에서는 괜찮으리라 생각하니 아침나절 막연했던 심정이 순간 부끄러워진다. 나이가 먹고 풀기가 없어지는 게 좋은 건 아니어도 때로는 필요할 수도 있음을 말이다.

한참 내려오다가 문득 이끼에 걸려 미끄러졌다. 그러고 보니 내리막에 접어든 나이도 괜찮지 싶은 생각에 너무 치우쳤었나 보다. 삶은 결국 끝까지 삼가고 조심해야 될 과제였던가. 내리막을 지나올 동안 잠겨 있던 긍정적인 생각 때문에 지나치게 호기를 부린 것 같고 그래 제동이 걸리듯 미끄러졌다.

내려올 때가 더 어렵다던 말들을 뒤로한 채 오늘의 산행은 행복하였다. 돌아보니 오늘 하루는 또 무척 길었다. 아침에는 어찌 올라갈지 막연한 심정이었다가 함께 걸어가 준 친구들 덕분에 무사히 정상을 밟았다. 그 다음 점심 식사를 끝낸 뒤 내려오면서 작으나마 위안을 받았고 그래 다행이라 여겼다가 예기치 않게 넘어지는 등의 소소한 일에서 깨우친 섭리는 작은 게 아니었다. 나름대로 악조건을 극복하고 오히려 반전의 기회로 삼았다 해도 그를 빌미로 자만하는 것은 더더욱 삼갈 일이라고 생각하며 귀로에 올랐다.

산수(傘壽)연의 초대

엊그제 이웃집 팔순잔치에 초대를 받았다. 잔치라기보다는 가까운 일가친척과 이웃 사람 몇몇을 초대한 터였다. 함께 식사를 한 게 전부지만 산수라고 하는 팔순 나이의 개념을 돌아본 게 더 기억에 남았다.

새삼스러운 얘기로 나이에 따른 호칭은 무척 다양했다. 보통 60이 지나면서 회갑연을 열고 77은 오래 살아서 기쁘다고 하는 희수(喜壽)라고 부르지만 80을 일컫는 말은 뚜렷하게 없다. 단지 우산 산(傘) 자를 도입해서 산수(傘壽)라고는 하지만 여덟팔자와 열 십 자가 들어 있기 때문에 그렇게 불렀을 뿐 아름다울 美 자가 들어가는 66세 미수(美壽)나 기쁘다는 뜻인 77 나이 희수처럼 설득력은 없다는 거다.

그러면서도 이례적인 것은 우산 산(傘) 자에 사람 人이 네 개나 들었다는 점이다. 80을 살면 대부분 거동이 어렵게 되고 결국 4사람의 간병인이 필요하다는 건지 모르겠다. 이웃에 사는 또 다른 80노인이 온 가족의 시중을 받으면서 사는 것만 봐도 충분히 납득이 가는 일이다. 오랜 간병에 효자가 없다는 말도 뒤집어 생각하면 부모가 효자를 만든다는 뜻으로 다가왔다. 흔히들 80세 이상은 덤으로 사는 목숨이라고 한다. 그런 만큼 자식에게 더러 서운한 게 있어도 내 목숨은 이미 끊어지고 남의 목숨을 빌어 사는 그림자 같은 인생이라 여기어 어지간하면 스스로 참는 게 장수하는 본인의 미덕이라 여겨진다.

아무려나 팔십 세를 사는 건 그만치 어려웠다는 뜻이거니와 나이별로 특징을 잡아 정립한 공자 역시 73세에 세상을 떠났기 때문에 깊이 헤아리지 못했을 것이다. 나이에도 별호가 있었나 보다. 숫자적인 건 생리적 변화를 나타내고 불혹이니 지천명 등의 별호는 연륜을 드러낸다.

40 나이에는 가치관이 뚜렷해져서 미혹되지 않는다는 뜻이고 50을 나타내는 지천명은 하늘의 뜻을 알게 되었다는 뜻이고 60을 이순이라 하는 것은 귀가 순해져서 무슨 말이든 새겨듣는 까

닭에 노엽지 않고 순리를 따르게 된다. 70은 또 고래희 또는 종심이라 하여 무슨 일이든 뜻대로 해도 경우에 어긋나지 않는다는 의미다. 회갑 즉 태어난 간지로 돌아가면서 잔치를 베푸는 것도 그 때문이다. 무슨 말이든 거듭 헤아리고 새기며 듣는 까닭에 전혀 노엽지 않다는 것은 보통의 경지가 아닌 것을.

나는 과연 40 나이에 어떤 상황이었을까. 그때까지도 삶에 대해서 뚜렷이 정립해둔 게 없다 보니 수군대는 말에 휘둘리는 등 사뭇 불안정했었다. 50에 이르러서는 또 하늘의 뜻을 알기는커녕 세상살이에도 달관하지 못하고 공연한 욕심에 들떠 사치와 허영에 가득 차 욕망으로 보내지는 않았는지 구태여 밝혀지지 않는 것 같다. 단지 옛날에는 평균수명이 짧다 보니 어느 경지에 이르는 기준이 지금보다 20년은 늦춰져야 맞을 것 같은 억지를 부리고 싶어지니 나는 아직 멀었지 싶다.

하지만 이제라도 늦지 않았다. 내 자신 변명거리로 내세운 평균수명은 확실히 길어졌으니 옛날 성현의 가르침보다 약간씩 늦춰서 수준을 올릴 수는 있다고 보았다. 지금 내 나이 예순일곱이라 하되 평균수명이 길어진 것을 감안해서 일흔일곱에 이루면 그런 대로 괜찮겠지 하는 식이다. 사람의 마지막은 상식도 통하지 않고 확률적으로도 어긋나는 불규칙적인 특징을 헤아려 박차를 가하되 좀 더 느루가게 잡으면 웬만치는 가능한 일이지 싶다.

내 삶의 시작은 어설프고 중년의 시점에서는 모든 게 미흡했어도 아름다운 마무리로 만회할 수는 있겠다. 나이가 먹었다고 비관할 여유가 없다. 지금까지 살아오는 동안의 허점과 약점을 채우고 보완하는 데 주력할 수 있다면 차라리 잘 되었다는 생각이 들었다. 목표를 향해 나아갈 동안 권태로운 노년은 무색해질 테니까. 나름대로 열심히 살았기에 그런 우려는 한 바 없지만 아주 조금씩 틈입하게 될 무료한 감정도 용납하기 싫었다.

앞으로의 삶을 구상해 본다. 젊음이 사라진 자리에는 원숙한 연륜을 채우면 될 것이고, 기억력 또한 떨어지겠지만 차선책으로 지혜와 통찰력을 채우게 되면 남은 날은 훨씬 풍성해질 것이다. 젊어서의 기억력은 참신하지만 나이가 먹어서 잊어버리지 않고 쓸모없는 말과 행동을 거듭 되뇌면 그 또한 흉이다. 건강 역시 조금씩 쇠퇴해가겠지만 그로써 자연의 일부에 지나지 않는 유한의 존재임을 깨닫는다면 세상 살다 간 보람으로 충분하다. 내 삶의 그래프를 그려서 벽에 붙인 뒤 언제나 그 앞에 삶의 양상을 그려가며 참신하게 원숙한 연륜을 채워 나갈 것을 다짐하여 본다.

삼척 가는 길

울멍줄멍한 산에 봄빛이 완연하다. 한계령 넘어가는 고갯마루에는 봄내 번져가던 연둣빛 신록이 끝나고 이제 막 초록 물을 길어 올리듯 온통 녹음에 뒤덮였다.

한계령의 옛 지명은 오색령이다. 강원도 인제와 양양을 잇는 해발 920m의 고개로, 한계령이라는 이름에 더 익숙한 것은 1968년 공병부대가 한계령 도로공사를 인제 쪽에서 시작하면서 인제군 한계리의 이름을 따서 그렇게 불렀기 때문이다. 오색령이든 한계령이든 뛰어난 그 절경은 변함이 없겠지만 가을이면 색색가지로 물드는 단풍 때문에 오색령이라고 한 것 같아 옛 지명인 오색령으로 부르고 싶어지고 왜 그런지 이전보다 더 친근감이 든다.

오색령은 백두대간의 한 고개인데 함경도의 철령, 추지령, 금강산의 연수령과 설악산의 오색령, 대관령 백봉령으로 이루어졌다. 특별히 오색령에서 바라보는 설악산은 기암절벽으로 이루어졌고 구름 낀 설악의 절경을 한눈에 볼 수 있다는데 이중환의 택리지에 명백히 기록된 것을 보면 오래전부터 민간에 회자된 고개로 보아 틀림없다. 또한 옛날에는 소동라령(所東羅嶺)이라고 불렀으며 동해안과 내륙지방을 잇는 교통의 요지가 되었던 설악산의 국립공원에 가면서 산을 조금 오르면 흔들바위에서 사진을 찍는 것을 자랑으로 여겼던 곳이다.

한계령에서 2시간쯤 달리자 멀리 내 고향 삼척이 나온다. 내가 살던 곳이라 그런지 바라보는 마음이 한결 애틋하다. 특별히 후진해수욕장과 죽서루가 유명하다. 곧이어 오십천 둑과 해변길이 나온다. 어린 시절의 기억이 슬라이드처럼 지나간다. 오십천 둑을 걷다 보면 오솔길처럼 돌아간 후진해수욕장 해변으로 이어지곤 했었다. 아침저녁 학교를 오가듯 놀다가도 달음박질로 바닷가를 달려 파도소리 들으며 수평선을 바라보던 유일한 놀이터다.

반경 85m 남짓밖에 되지 않는 소규모 해수욕장이기는 하나

후지기는커녕 물이 맑고 깨끗하다. 수심이라야 깊은 곳이 2m 정도고 물결이 거센 동해바다의 특징과는 달리 파도가 약해서 어린이들이 즐겨 찾는 명소가 되었다고 한다. 도시에서는 유명한 관광지가 소풍장소였겠지만 이곳 학생들은 바닷가에 살면서도 언제나 후진해수욕장이 소풍지였으며 모래사장이나 바위에 올라 앉아 사진 찍었던 것이 허다한 일이었다.

후진해수욕장을 거슬러 가면 관동팔경의 하나인 죽서루가 나온다. 이미 알려진 대로 대나무가 우거져 있고 그 뒤로는 오십천이 펼쳐져 있다. 초등학교 때의 소풍 장소로 택한 곳이기도 한 오십천은 강물이 정말로 맑고 깨끗하여 어디 그 어느 곳에 물줄기가 이렇게 맑게 흘러내릴까도 싶었다. 그 마을에 사는 몇 안 되는 집이지만 옹기종기모여 있는 모습마저도 어린 마음에 흐뭇하고 부러웠다.

지금은 물이 그때만큼 맑지 않고 물결치는 모습도 간데없고 관광지로 바뀌었다. 새로 세워진 많은 건물들 사이로 그때의 모습이 그리워진다.

이곳은 오랜 옛날부터 시인묵객들이 풍류를 즐길 수 있는 명소로 알려져 왔다. 그런 만큼 소풍 때마다 오갔으나 지금 생각하니 아주 이례적이었고 우리에게는 후진해수욕장이 더욱 친근

했었다. 학교가 파하면 걸어서도 갈 수 있는, 버스로 한 두어 정거장 정도 거리의 아담한 해수욕장이 지금은 많이 개발되어 여름이면 수많은 피서객이 찾는다 하니 느낌이 묘하다.

차창 밖을 보며 예전에는 이 길을 그렇게 다녔었지 하고 향수에 젖어본다. 옛날 나 어릴 적에는 마을에서 유일한 방앗간 집 오빠는 어디쯤 살고 있을까. 많이도 바뀌었을 것이다. 그때도 착하고 부드러운 사람이더니 지금은 사회에 봉사하거나 조용하게 살고 있겠지 하는 마음이 든다.

이제는 인생후반부에 접어들었을 그 오빠나 나는 살아온 동안의 모든 욕심을 버리고 뒷모습만이라도 보면서 그저 후배들의 안부를 걱정할 뿐이다 어느덧 서정에 꿈을 꾸며 달리다보니 그 옛날 함석지붕에 길게 늘어져 있던 우리 집이 보인다. 모양이 일본식 집이라 하여 6·25전쟁 당시 피난길에 들어섰을 때 잠깐 일본군들이 살았었다는 나의 집은 그때의 모습 그대로 남아 있다.

그 집에서 부모님과 우리 가족 모두가 제법 오순도순 잘 살아왔다. 아버지 먼저 저 세상 가는 바람에 남동생이 엄마를 모셔가서 그 집을 팔았는데 그래도 아직은 건재한 모습에서 고향의 봄이 스쳐간다. 출렁이는 바닷가 언덕배기를 바라보며 삼척 가는 길의 서정을 마음껏 누려 본다. 나 살던 때와는 달리 많이 알려지면서 변화해지고 혹 그로써 아름다운 자연풍광이 훼손될 것만 아니라면 이 길은 영원한 추억의 요람으로 남을 것이다.

우리는 많이도 변하였건만 그곳의 바다와 하늘과 숲이 그대로인 것이 얼마나 큰 위로가 되는지 모른다. 그것은 내가 살던 고향 삼척이기에 더 그리운 것이리라. 우리 모두는 고향을 떠난지 오래지만 옛날처럼 변함없이 남아 있는 고향의 풍경은 힘들 때마다 위로받을 수 있는 유일한 쉼터다.

가끔 찾아와서 옛날 모습이 남아 있는 풍경을 바라보며 어린 시절을 회상하는 마음이 오늘 따라 뿌듯하게 차오르는 이 기분을 영원히 간직하고 싶다.

섬돌 있는 집

화창한 날씨다. 바람에 아까시 향내가 그윽하다. 초여름에 접어든 계절의 밑단을 밟는 기분이 그렇게 상쾌할 수가 없다. 우리 집 뜨락에도 신록이 그새 한 무더기 들어왔던가.

바람결에 문득 새싹이 나부낀다. 엊그제 돌 밑에서 간신히 삐져나온 싹이다. 그냥 두면 잎이 꺾일 것 같아 돌을 치워 주었다. 혹여 돌 틈 사이에서 편하게 자리 잡고 나왔으면 아름다운 모습으로 화사할 것이지만 어쩌다 눌려서 겨우 삐져나온 것이 안타까운 모양으로 있다. 집을 수리하면서 파낸 섬돌을 화단 한 모퉁이에 박아두었는데 하필 그 속에서 움튼 새싹이 섬돌에 깔려 간신히 자라는 걸 몰랐다.

섬돌의 종류는 여러 가지다. 집채의 앞뒤로 오르내릴 수 있게 놓은 돌층계를 말하는데, 우선 장독으로 이어진 섬돌이 있다. 아침이면 그것을 밟고 된장이나 고추장을 떠 오곤 했다. 빛깔도 다양해서 현무암처럼 검은 게 있고 화강암 같은 회색도 있다. 다듬잇돌 마냥 반들반들한 건 물론 울퉁불퉁한 것도 많다.

섬돌 하면 귀뚜라미가 생각난다. 가을이면 그 밑에서 수많은 귀뚜라미가 울었다. 초가을 어느 때 합창이나 하듯 경쾌한 소리에 반해 가보면 섬돌 옆에는 아무것도 없었다. 소리는 나는데 보이지 않던 신비감. 그렇게 찾다가 간신히 마루 끝에서 튀어나오는 겨우 두 마리를 보고 한참 어안이 벙벙했던 기억.

그러고 보니 나는 합창이나 하듯 요란한 소리에 수많은 귀뚜라미가 있는 줄 착각한 것이다. 섬돌 옆에 가면 바글바글 모여 있을 거라는 생각은 여지없이 무너졌지만 그 때문에 더 애틋한 향수로 떠오르곤 했다.

섬돌 하면 뭐니 뭐니 해도 댓돌이 가장 향수적이다. 댓돌은 마루에 올라서기 위해 밟는 돌이다. 이사 올 때 보니 아주 오래된 고가였다. 그래도 한때는 마을에서 내로라하는 집이었는지 안방과 사랑방 그리고 바깥채 행랑방 등 여러 칸이었다. 당연히 그 방마다 댓돌이 한 개씩 놓였다. 집수리를 할 때 그것을 파내

서 꽃밭 한 귀퉁이에 가지런히 놓아두었다.

이따금 꽃밭을 손질하면서 네 귀퉁이 박아둔 섬돌을 보곤 한다. 그 위에 놓여 있었던 가지가지 신발이 생각난다. 가장 큰 섬돌은 사랑방에서 빼 온 것이다. 이 집의 어른이 쓰던 사랑방 댓돌에는 당혜와 목화(木靴)가 있었을 것이다. 목화는 상류층 양반들이 신었던 신발로 지금의 부츠와 비슷하며 관복 즉 사모관대를 할 때 신었다. 앞뒤에 당초문 따위를 새긴 가죽신 당혜와 검은 사슴 가죽으로 목화가 댓돌에 턱하니 놓여 있던 모습이 문창호지의 격자무늬와 어울렸을 모습이 눈에 선하다.

안방마님이 계시던 안방 댓돌에는 꽃고무신이 있었을 것으로서. 그것을 신고 나들이를 즐겼을 호사가 그려진다. 대문 쪽으로 이어진 행랑채 댓돌에는 짚신과 미투리가 있었을 것이다. 온종일 일하고는 흙 묻은 짚신을 아무렇게나 팽개친 뒤 행랑방으로 들어갔을 머슴들 신발이 거기 있다. 삼이나 노 따위를 꼬아 미투리를 만들고 짚을 꼬아 짚신과 멍석 가마니를 짜느라 밤이 깊은 것도 몰랐을 것을 생각하며 그래도 긍지를 갖고 열심히 일했을 모습이 상상이 된다. 줄잡아도 100년은 되었을 집이었다니 규모로 봐서 수많은 집안 대소사를 치렀을 것에 거기 댓돌에 얽힌 상상이 이따금 스쳐간다.

현대식 건물에는 댓돌이 없다. 아파트 같은 경우 현관에 들어갈 때도 평지를 가듯 그냥 이어진다. 층계 같은 섬돌을 오르내리며 모든 것에는 단계가 있고 매사 차근차근 계단을 밟듯이 하나씩 밟아야 되는 걸 숙지해야 하는데 오르내림이 없는 집에서 살다보니 그만 무심해지고 말았다. 단독주택일 경우 마당에서 방으로 들어갈 동안 댓돌을 밟는 것 같은 오르내림은 있는데 아파트는 그마저 없다. 아래층에서 올라가기는 해도 그 또한 엘리베이터에 의지한다. 매일 사는 집에서 그런 개념을 습득하는 것은 아닐지언정 평지를 밟듯 순조롭지 않다는 것을 숙지하면서 굳은 의지가 형성될 텐데 말이다.

불현듯 섬돌 있는 집이 그리워진다. 눈 감으면 오래전의 그 섬돌 있는 집이 세월의 여울목에 둥실 떠오르는 것 같다. 우리 어릴 때만 해도 섬돌에 신발을 벗어놓고 방에 들어가곤 했었지. 거기 귀뚜라미가 살고 우리 또 가을이면 예쁜 노래를 듣고 살았다. 지금은 또 필요 없다고 화단 모퉁이 박아둔 댓돌에서는 또 간신히 비집고 나온 새싹이 귀엽다. 귀뚜라미 소리도 언제 들어봤는지 까마득하지만, 층계같이 생긴 섬돌과 화단 모퉁이 묻어둔 댓돌에서 모든 일에는 한 단계씩 밟아야 될 소정의 단계가 있음을 배우는 것임을 굳게 믿어 본다.

3.

여름날에

씨아똥

새봄의 새싹이 환한 웃음을 머금은 지 얼마였던가. 이제는 봄이 첫걸음에서 뛰어 다니는 모습에 무작정 차를 끌고 나섰다. 언덕배기가 마음에 와 닿기에 한쪽에 차를 세우고 조금 오르다 보니 농장이 보인다.

전형적인 산속에 한 폭의 그림으로 연상된다. 조금 안타까운 점은 뒤에 산이 우거져 있었으면 하는 아쉬움이 남는다. 잘 가꾸어진 딸기와 언덕배기에는 오디가 널려 있었다. 전형적인 노인의 모습 그대로의 할머니 한 분이 오디를 따면서 힐끗 나를 쳐다보신다. 인사하는 나를 못 보던 아낙이라고 조금 더 유심히 보는 듯하다. 지나가던 사람으로서 마을이 예뻐 들어왔노라 했더니 여기 오디를 따 먹어 보라 하신다. 염치불구하고 따서 입으로 계속 한 줌씩 집어넣다 보니 스스로 생각해도 걸신이 들린 촌로의 모습이다. 한참을 허벅지게 먹다 보니 지천에 씨아똥이 있어서 우리 집의 토끼들이 생각났다.

주인어른께 자루를 얻어 부지런히 뽑아 담는다. 한 자루 가득 눌러가며 담으면서 많은 토끼들이 함성을 지를 것이 눈앞에 아른거린다. 집에 있을 때는 오후가 되면 어김없이 토끼풀을 뜯는다. 집 뒤의 풀밭에서 씨아똥(왕고들빼기)과 질경이, 민들레 잎을 가득 담아 여러 마리의 토끼에게 가져다준다. 토끼를 기르면서부터 빠질 수 없는 하루의 일과다.

장마철이면 젖지 않은 풀을 뜯어야 하기 때문에 보통 신경이 쓰이는 게 아니다. 마침 여기 농장에는 많은 풀이 있어 늴리리아를 부르며 뜯은 것이다. 씨아똥 때문에 손에는 새까맣게 진액이 묻었다. 뽀얀 농액(濃液)이 묻은 손은 지워지지 않는다. 이 즙이 토끼에게 젖이 잘 나오게 하는 유리한 성분이라니 손에 좀 묻으면 어떠랴. 어쨌거나 초여름에 우리들도 먹으면 더위를 이길 수 있다고 친정어머니 말씀이었다.

쓰기만한 그 맛이 한여름을 날 수 있는 힘을 준다니 새삼 옛어른들의 지혜로움이 놀랍다. 그러고 보니 씨아똥은 나물로도 무쳐 먹어온 터이다. 쌈으로도 먹고 초고추장에 무치기도 한다. 어쨌거나 초여름에 그것을 먹으면 더위를 이길 수 있다고 하니 이즈음의 풀에 대부분 그런 성분이 들어 있는 것일까. 익모초가 그렇고 상추에도 그 성분이 들어 있다고 한다니 그것으로 더위를 이길 수 있다는 게 수긍이 간다.

어렸을 때 친정에도 토끼가 많았다. 뒤꼍을 돌아가면 토끼장이 있고 그 옆의 헛간에는 토끼풀이 쌓여 있었다. 어머니도 아버지가 출근을 하면 풀밭으로 가신다. 한나절이 되면 그새 한 자루 뜯어가지고 오신다. 지금처럼 씨아똥과 질경이, 민들레 등이다. 그리고는 별도로 뜯어 모은 듯 앞치마에서 씨아똥을 한 바구니 정도 덜어 놓으신다.

그런 날 저녁에 어머니는 보리밥을 짓는다. 보리쌀을 씻어 옹솥에 안친 뒤 불을 지피고 다음에는 텃밭으로 가서 상추를 다듬는다. 보리밥이 두 소끔 끓어나면 별도로 뜯어 모은 씨아똥과 상추를 씻어, 고추를 다져 만든 간장을 덜어 비비면 그야말로 호화판 별식이다. 아무리 먹어도 질리지 않는 그 맛에 양푼의 밥이 바닥이 나면 아쉬운 듯 숟갈을 내려놓는다.

즐겨먹던 어릴 적 생각을 하면서 손을 씻고 있으려니 주인어른께서 풋고추와 애호박을 따서 부침개를 해오셨다. 더운 날씨에는 손님으로 가는 것조차 부담스러운데 초면임에도 불구하고 베풀어준 호의에 감사하며 맛있게 먹었다. 배낭에서 음료수와 빵을 좀 드렸더니 보답을 하시는 모습에서 미안한 맘마저 든다. 괜히 어른에게 신세지는 것 같기도 하고 염치도 없어 보여 오늘은 유난히 변죽 좋은 나도 부끄러움마저 든다.

돌아와서 자루를 내려놓으면서 이 즙이 말하자면 약이라는 말을 곱씹으며 줄기나 잎을 꺾을 때마다 뿜어져 나오는 하얀 즙이 토끼들의 보약이 아닌가 싶다.

다시 한 번 푸근한 인간애에 감사하며 오늘 저녁에는 보리밥에 씨아똥을 무쳐낼까 보다. 고추를 잔뜩 이겨 간장도 한 탕기 만들고 쓴맛이 몸에 좋다니 상추 겉절이도 한 접시 곁들여 풍성한 식탁을 차려야겠다.

안락의자

장맛비가 끝난 오전 11시 상쾌한 기운이 코끝을 간지럽힌다.

작은 동산 커다란 소나무 두 그루가 있다. 소나무 사이 길에 들어섰다. 안락의자를 펴놓는다.

무심히 창고에 두었던 안락의자를 펴놓고 가장자리 받침대에 걸터앉아 누워보다가 화들짝 놀란 가슴을 쓸어내린다. 갑자기 밀려오는 설움을 감출 길이 없다. 눕는 순간 무섭고, 파란 하늘마저 까맣게 움직이는 듯 망상에 사로잡힌다.

앉아서 책이라도 한 줄 읽어볼까 하다가 엄습한 날벼락과도 같은 이 기분은 어머니에 대한 죄책감이었다. 무료할 때마다 편히 앉아 사색에 잠기곤 했던 안락의자가 얼마 전 세상을 달리한 어머니의 환영으로 바뀌면서 뜻하지 않은 외로움이 파도처럼 밀려왔던 것이다.

돌아가시기 며칠 전에 전화가 왔었다. 보통 전화를 하실 때는 '어디가 아프고 어떻게 지냈고 오늘은 기분이 어떻고'라는 일상적인 얘기였는데 그날은 대뜸 "너 언제 안 올래?" 하시지 않는가. 평소와는 다르게 유난히 낭랑한 목소리로 지금 둘째 남동생네 집이라면서 한 번 다녀가라고 덧붙이셨다. 꼭 그 말씀이 아니어도 한번 뵈러 가려던 중이었기에 불원간 다녀와야겠다고 하던 참이었는데 이튿날 세상을 떠나셨다는 연락을 받았다.

창황 중에 장례를 치르고 돌아와 한시름 놓은 지 불과 열흘 남짓이었다. 어머니를 차가운 땅속에 두고 온 상황에서 불효한 여식은 지금 편하게 쉬어 보겠다고 안락의자에 앉아 사색에 잠기려고 했으니…. 이 여식의 불효를 어떻게 어머니에게 용서 받을 수 있으랴.

작은딸도 당신보다 저세상으로 앞세워 보내시고 긴긴 날을 마음 아파하셨던 어머니이기에 더욱 가슴 저려온다. 언제나 말씀이 없으시던 어머니가 돌아가시기 전에 둘째 남동생네로 오셔서 그래도 자식은 둘째 아들이 제일 살가웠노라고 하실 때 당신의 갈 곳을 예감이라도 하셨던 것이 아니었나 싶다.

차에 태워 가시고 싶은 곳도 데려가 주었다고 자랑하시듯 말씀하셨다. 그럴 때 딸인 나도 어머니를 좀 모시고 다녔으면 좋았을 것을…. 생각하면 한없는 눈물로 부족하였던 점을 소리 내어 울기도 하는 나 자신 죄스러움에 마음 가눌 길 없다. 모두가 착한 동생들이었지만 유달리 어릴 때부터 유독 인정 많더니 장성하여 어머니에게도 잘해준 둘째 동생을 오늘에야 누나로서 꼭 안아주고 토닥거려 주고 싶다.

항상 우리 어머니는 늘 그 자리에서 아직은 갈 때가 아니라고 그렇게 갈 분이 아닌 것으로 여겨왔던 이 불효를 어떻게 감내해야 될지. 살아생전 조상을 위하는 일이라면 성심껏 받들어 모시는 성품으로서 가족과 모든 집안을 우선시 하던 나의 어머니. 그동안 자식된 도리를 다하지 못한 것에 통한의 아픔이 와 닿는다. 내면에 선한 마음이 있기에 조상과 자식에 대한 애틋함이요. 그 애틋함은 타인에게도 불쌍히 여기는 마음을 언제나 되새기고 계시던 분으로서 다만 나 자신 자식의 본분을 못한 것에 대한 마음을 두 손 모아 후회해 본다.

이렇게 내 작은 동산에 우뚝 서 있는 소나무를 보듯 나의 어머니는 항상 그 자리에 있을 줄 알았던 이 모자란 인간을 어찌 무엇으로 간과하리오. 아무것도 생각이 나지 않는 것조차도 부끄러운 이 기분을 어찌하면 좋을지.

언제까지나 내게 편안한 안락의자 같은 분이 마지막 전화에 '너 언제 올래' 하던 속 깊은 마음을 이 딸이 알아채지 못했으니 송구하기 짝이 없다. 안락의자에 앉으면서 번쩍이는 어머니 모습처럼 이제야 내 시야에 들어오는 이 마음을 어떻게 조아려 용서를 구할 수 있을까.

한 달에 이천 원이면 노인정에서 점심을 드시고 친구 분들과 재미나게 지낸다고 하시던 분이 그동안 말없이 아픔을 그 누구에게도 하시지 못하고 그저 딸이라고 하나 있는 내게 살가운 마음이라도 좀 받으려고 하였건만 전화 받고도 며칠 있다가 가서 하룻밤 묵겠노라고 대답한 딸을 얼마나 섭섭하게 여겼을까.

어쩌다 언짢은 속내를 내게 말씀하시면서 위로 받으려고 하시면 그저 살포시 편들어주면 좋으련만 퉁명스레 내뱉기만 하였던 이 속 좁은 딸은 오늘에야 내가 왜 그랬을까 누가 듣는 이 없는데 말벗 되어 편들어 주지 못했는지 지금에야 후회로 다가온다.

그저 돈 몇 푼 건네는 것으로 빌미로 삼았으니. 진즉, 나는 어머니에게 따뜻한 안락의자가 되어 주지 못했음을 반성한다. 떠나신 어머니에게 정말로 불효여식 바보처럼 살았음을 뒤늦게 인정하여 본다.

엄동설한(嚴冬雪寒)

함박눈이 내렸다. 과수원이 온통 눈에 덮이고 말았다. 가지마다 소복소복 하얗게 쌓인 눈이 수많은 백조가 내려앉은 듯 환상적이다. 겨울 추위가 매섭게 몰아치는 눈보라와 함께 살을 에일 것처럼 추운데도 풍경은 아름다웠다. 멀리 산자락에서부터 뒷산까지 연결된 눈의 터널은 보는 것만으로도 흐벅지다. 너나없이 추워서 동동거리는 겨울 얼어붙은 마음을 푸근하게 하기 위해 그리 눈이 내리는 것 같다. 늘 그랬지만 눈이 올 때마다 느끼는 감상도 겨울에만 볼 수 있는 정경이다.

그런데 그만 감기가 들고 말았다. 오후에 잠시 외출했다가 돌아오니 머리가 지끈지끈 아픈 게 몸살 기운이었다. 아침나절 꿈

속 같은 눈 풍경에 팔려 있다가 볼 일이 있어 잠깐의 연락을 받고 나갔다. 눈이 내리고 나면 추울 거라는 예보가 있었는데도 나는 외출을 하면서 짧은 치마에 코트를 걸치고 나갔다.

그런데 바람이 불고 꽤나 추웠음에도 얼마나 멋진 여자라고 갖은 폼을 잡고 나왔다. 눈이 쌓일 때는 포근해 보이더니 그치고 나자 매서운 바람이 몰아쳤다. 그럴 줄 모르고 얄팍하게 입고 나간 것이다. 초겨울 입는 반코트에 얇은 스카프 펄럭이며 눈길을 가면서 소녀적인 기분에 사로잡혔다. 꿈속처럼 눈이 왔는데 까만 코트를 걸치기에는 미안한 마음에 그리 입고 나갔다가 감기란 녀석의 공격을 받고 말았다.

집에 와서 곧장 자리를 펴고 누웠다. 머리가 아프고 열이 올랐다. 한밤중 간신히 일어나 얼큰하게 콩나물국을 끓였다. 그리고는 한 대접 퍼먹었더니 열이 내리고 두통이 가라앉았다. 초저녁부터 머리를 싸매고 자리보전을 하고 있다가 열이 내리니 그만해도 살 것 같았다. 어릴 때 먹던 곰국이 생각났다.

감기가 들었다 하면 어머니는 곰치를 넣어 국을 끓여주셨다. 곰치라는 물고기는 모습은 넓적하니 못생겼어도 국을 끓이면 김치와 잘 어울려 시원한 맛을 느낄 수 있다. 김치 송송 썰어 넣고 끓이면 무척이나 시원했던 그 맛. 여느 때도 맛있었지만 감기몸살이 들 때 한 대접 먹으면 씻은 듯 병이 낫곤 했었지. 못생기고 미련하게 생겼다하여 강원도 방언에는 미련곰퉁이 같다 하여 곰치라고 하였다는데 선조들은 모양새가 좋지 않아 다소 천시하는 경향이 있었다 한다.

정말로 곰퉁이처럼 불룩하니 큼직한 몸에 둥글고 흐느적거릴 정도의 콧물이 흐르듯 하는 비늘이 가지런히 정렬되어 기품 있어 보인다고도 하는 곰치는 엄동설한의 최대의 시원함으로 속풀이에는 그만한 국이 없는 듯했다. 그때는 내 고향 바닷가에서 많이도 잡혔는데 지금은 어떤지 새삼 고향 바닷가의 맑고 맑은 바닷가 생각도 문득 스쳐간다. 칼칼하였던 맛을 잊을 수 없었던 생각을 하면서 오늘 멋쟁이였던 촌로는 콜록콜록 거리면서 엄동설한에 그것도 새벽 눈 내리는 밤하늘을 보며 하늘과의 대화로 내 스스로를 달래고 얼러 본다.

잠깐 쉬었다가 일어났다. 아프다고 저녁내 그대로 둔 주방이 어수선해서 잠깐 치우기로 했다. 밥솥과 주발대접을 닦은 뒤 식탁까지 말끔히 치우고는 창문을 열었다. 아침나절 내린 눈이 그대로 쌓여 있다. 날이 푹했으면 다 녹았을 텐데 추웠기 때문이다. 나는 하필 눈이 오고 난 뒤 추워서 감기몸살로 고생했건만 날이 푹했다면 그냥 녹아 버렸을 것이다.

깊은 밤 눈 쌓인 풍경을 내다본 게 얼마만인지 몰랐다. 생각하니 눈이 오고 나면 얼마 후 녹든가 혹은 풍경 그대로 며칠 가든가 두 가지 유형이었다.

눈이 온 뒤 추워지는 바람에 감기가 들면서 많은 걸 생각하게 되었다. 눈이 내리고도 오래 보기 위해서는 추워야 한다는 게 섭리처럼 경건해진다. 공교롭게 감기는 들었으나 바닷가에서만 먹을 수 있는 곰치국의 시원한 맛이 오늘따라 아련한 추억으로 떠오른다. 모처럼 쌓인 눈 풍경을 오래 완상하기 위해서는 추워야 된다는 것과 사는 데 바빠서 놓치고 살았던 기억의 한 자락이다. 그것이 오래도록 마음을 훈훈하게 해줄 것 같다. 모처럼 느낀 겨울의 서정이 오늘따라 무척 아름다웠다. 금방이라도 달려가고 싶은 이 마음, 멀어진 기억과 고향의 바닷가 풍경이 금방이라도 손에 잡힐 것 같다.

여름날에

오늘은 어머니의 첫 기일, 온종일 소나기가 내렸다.

기실은 며칠 전부터 후텁지근했었다. 여름이라 해도 복더위는 아직 많이 남았다. 그나마 낮에 더운 것은 참을 수 있지만 초복도 되기 전에 열대야에 시달리는 건 드문 일이었다. 복더위가 시작되면 너무 더워서 밤중에 잠이 깨는 일은 흔하다 하나 내가 사는 시골은 어지간하면 선풍기조차 틀지 않고 견디게 마련인데 올해는 계속되는 찜통더위며 열대야에 무척 힘들었다.

마침내 더위를 먹고 병원 신세를 진 것은 어머니 기일을 사흘 앞둘 때였다. 어지러움증에 토할 것처럼 자꾸만 울렁거렸다. 입원을 한 뒤 포도당 주사를 맞고 한 이틀 정양할 동안 많이 회복

되었다. 그래도 서울까지 가기에는 무리일 것 같아 친정올케에게 같이 가기를 청했다.

약속을 하고 가는 도중에 소나기가 내린 것이다. 이맘 때 소나기는 아주 흔한 일인데 혹 어머니의 마음을 알고 내려주는 듯 갑자기 애련해 온다. 와이퍼가 계속 닦아도 흥건하게 고이는 빗물이 멈추려 해도 멈출 수 없는 회한의 눈물인 양 흘러내린다. 기일이라고 이렇게 빗물을 보며 가는 마음은 더더욱 보고 싶은 어머니! 살아생전 자주 찾아뵙지도 못하고 매정하게만 대했던 불효를 빗물에 씻어내고 싶은 마음마저도 부끄럽다. 생전에 너그러우셨던 것처럼 진즉에 이미 용서를 하셨으련만 어떤 폭우에도 씻겨 내려갈 수 없는 게 못난 딸의 심정이었다.

딸 둘을 낳고 아래로 남동생 셋을 낳으시면서 오남매를 키우느라 허리가 휘도록 일만 하신 우리 어머니. 일찍 돌아가신 아버지 대신 평생을 오남매 위해 사셨다. 재가라도 하셔서 편히 사실 수 있었건만 그런 마음 없이 참으로 조신하셨던 나의 어머니.

그 마음을 알아주듯 자식들 모두 평안하게 잘 산다. 동생들은 어릴 적에도 어머니 말씀에 고분고분 순종하였다. 단지 그중에서 나만 속을 많이 썩여드렸다. 팍팍한 기질에 성깔을 부리고 당신 애를 먹일 때면 늘, 너도 자식 낳아 보아야 어미 맘을 안다고 되뇌셨다. 그리고 이어 녹음된 것처럼 나오는 시나리오가 또 하나 있었다. 딱 너 같은 딸을 낳아야 한다는 말씀이셨지만 그도 말씀뿐이라는 건 어린 나로서도 충분히 알 수 있는 일이었다.

이제 그로부터 오랜 세월이 지나 어머니의 간곡한 기도가 있으신지 내 딸들은 나 같이 성깔을 부릴 줄 모르고 착하게 자랐다. 하기야 어느 어머니가 자식에게 그런 막말을 하실까마는 내가 어지간히 애를 태울 때 하신 말씀이었다고 생각하면 가슴이 아프다. 단순히 후회라고 할 정도로 표현하기에도 서러운 이 마음이 왜 돌아가신 뒤에야 생기는지 스스로도 야속하다.

어머니는 안존한 성격이셨다. 며느리와 사실 적에도 험담을 하지 않으셨다. 며느리 잘 들여 내 아들들이 잘 살고 있노라고 자식 자랑을 하시던 어머니. 함께 살면서 서운하고 마땅치 않은 게 왜 없을까마는 당신 자식들에게 누가 될까봐 그리 하셨을 게다. 그런 어머니를 볼 적마다, 자식이 아무리 잘해도 자식에게 향하는 그 마음에는 못 미친다는 너무도 당연한 말을 깨우치곤 했지만 성깔은 여전해서 툭하면 모진 말을 해서 마음을 아프게 해드렸다.

오늘따라 왜 이렇게 어머니께 잘못한 것만 새록새록 나의 가슴을 아프게 하는 것일까. 기일이 되어 공연히 슬퍼지는데 하필이면 비까지 내려서 마음이 더 무겁다. 자식을 낳고 길러도 이 모진 아낙은 그 마음을 헤아릴 줄 모르고 기일이 되어야 마음을 이해하려 아파하는 마음을 다시 한 번 어머니의 안준 하셨던 모습을 그려본다.

하기야 어머니가 돌아가시지 않았으면 나는 지금까지도 불효자식으로 남았을 것이다. 돌아가신 뒤 아무런 소용도 없을 때 비로소 그 마음을 헤아리면서 효도 아닌 효를 생각하는 못난 딸이다. 돌아가시고 나면 누구나 효자가 된다고 했지만 나무는 가만히 있으려 해도 바람은 멈추지 않고 뒤늦게 봉양하려 해도 부모는 이미 돌아가시고 좁힐 수 없는 거리로 남는다. 어머니! 아직 미흡하나마 앞으로 또 앞으로 많은 것을 배우고 익혀 어머니의 마음 같이 배워 나갈 것을 다짐해 보련다. 철두철미하게 익히도록 노력하고 또 노력할 것을 다짐하면서.

요술 가락지

나는 오늘 삶에 지친 감나무를 보고 있다. 몇 년 전에 감나무 두 그루를 베어 버렸다. 잘 자라고 많이 달렸던 나무였으나 아주 작은 또 별로 맛을 느낄 수 없이 연약하여 품종을 바꿔 보았더니 금방 시들어 잎을 틔우지 못하면서 몇 년이 지났건만 이제는 발버둥을 치다 못하여 지쳐 있는 모습이 안쓰러워 보인다.

인간으로서 후회되는 마음은 그때 그 우람하던 생명을 지켜 주었더라면 지금 이 지친 모습을 보는 마음 아픔은 없지 않았을까 싶다. 그러면서 깨어나기를 또한 요행이라는 삶의 도박이라도 해보면 또 누군가에게서 크나큰 행운이라도 받았으면 하고 비굴하리만치 후회하며 속삭여본다.

얼마 전 복권에 당첨된 사람의 이야기를 들었다. 착실했던 사람이 별안간 큰돈이 생기자 도박에 미쳐 다녔고 가산을 탕진했다. 벼락부자의 행운에 목숨을 걸다가 멸망을 자초하는, 빤한 스토리지만 힘들이지 않고 거저 얻으려는 속내를 보는 것 같았다.

나는 복권을 사본 적이 없다. 당첨되는 게 하늘의 별 따기지만 대박을 터뜨려도 과연 내 돈이 될까 하는 의혹이 앞선다. 내 돈이라 해도 경건한 마음으로 써야 모처럼의 행운이 유효하지 않을까. 적절하게 쓰는 사람도 많을 것이지만 뜻하지 않은 불상사가 빈번한 걸 보니 마음대로 되지 않는 것 같다.

한 농부가 소원을 들어주는 가락지를 얻었다. 그러나 기회는 한 번뿐이라 망설이기만 했다. 값이나 알아보려고 보석가게를 찾았다. 싸구려라고 하는 말에 순진한 농부는 요술 가락지라고 자랑했다. 주인은 술을 대접한 뒤 잠들 때를 기다려 바꿔치기하고는 잠이 깬 농부를 보낸 뒤 요술가락지에게 많은 돈을 요구하는 소원을 말했다. 천장에서 수많은 은돈이 떨어졌고 보석 장수는 돈더미에 깔려 죽었다는 동화 속의 이야기다.

한편 집으로 돌아온 농부는 아내에게 자초지종을 말했다. 얘기를 들은 아내가 밭을 원했으나 그 정도는 노력하면 될 거라고 했다. 다른 소원을 말할 때도 보물이 있는 한 생길 거라고 달랬다. 그 말대로 열심히 살다보니 전답이 생기고 살림이 늘었다. 더 갖고 싶은 게 없을 정도로 풍족해지자 까맣게 잊어버렸고 농부 내외가 죽고 난 뒤 가락지는 땅에 묻혔다.

요술 가락지 때문에 죽은 보석 가게 주인은 복권에 당첨되고도 망한 사람과 같은 결과였다. 농사꾼 역시 가락지를 보자마자 소원을 말했다면 십중팔구 똑같은 말로를 초래했을 것이다. 넝쿨째 들어온 호박이 화를 자초한다면 복은 결코 쌍으로 오지 않는다. 평생 먹고 살 정도의 복을 받아도 일하지 않고 축적한 재물은 화근이 될 수 있다. 소원을 말하기도 전에 잃어버린 가락지가 복으로 자리바꿈된 것은, 열심히만 살면 소원은 이루어진다는 믿음 때문에 화를 면하는 동시에 근면과 성실함이 그 가정을 지켰으리라 생각된다.

또한 성실하고 조신하였던 것은 농부의 아내다. 농부의 생각이 건실해도 아내가 부추긴다면 도리가 없을 텐데 조신한 아내는 묵묵히 따랐다. 요술 가락지가 생겼다고 숨김없이 말한 것도 아내의 성품을 알았을 것일 테고 그래서 가정도 편했던 게 아닐까. 진짜를 가로채고도 망하는가 하면 가짜를 끼고 살면서도 요술 가락지가 줄 수 있는 것보다 더 큰 소원을 이루었다면 나쁜 사람에게 있으면 좋은 물건도 탈이 되고 좋은 사람에게 있으면 가짜도 기대 이상의 가치를 부여한다고 볼 수 있다. 행운도 가끔 화가 되듯 나쁜 일 역시 복으로 바뀔 수 있다는 것은 살면서 무수히 느끼는 바가 크다.

그 역시 소원이 생각날 때도 반지를 꺼내지 않은 건 열심히 하면 이룬다는 믿음 때문이기도 하지만 초연하였던 마음은 본받을만 하다고 할 수 있음에 무턱대고 감나무를 잔인하리만치 더 큰 탐욕을 부린 것에 후회한다. 몇 번이고 생각을 잘못했다고 말이다. 소원을 말했어도 묵묵부답이었을 가락지. 허나 진짜로 착각하면서 말하지 않은 걸 보면 초연했을 것을 보면서 나는 그저 생각 없이 했던 행동에 몇 번이고 그 자리를 볼 때마다 마음 아파한다.

복권에 당첨된 것도 요술 가락지에 버금갈 행운이되 뒤탈이 생긴 것은 명색 없이 날뛴 결과다. 억지든 우연이든 신중을 기했어야 옳았다. 흥청망청 쓰기보다는, 복권에 당첨되었으니 무엇이든 이룰 거라는 자세로 살 때 동화 속의 농부처럼 더 큰 행운을 잡을 수 있음을 말이다.

보석가게 주인은 남의 것을 탐낸 게 화근이다. 내 것이라 해도 쉽게 들어온 행운은 조심스럽거늘 탐욕까지 부렸다. 어렵게 일군 것일수록 적절히 활용해야 하지 않을까. 요행을 바라는 건

안 되지만 찾아올 때는 열심히 경건히 살아야 행운의 관문을 통과할 수 있다고 본다. 재물도 재물이지만 본분을 잃지 않는 자세가 중요하다. 신기루는 존재하지 않는 법, 있다손 쳐도 신기루같이 사라진다. 생각할수록 나 자신을 들여다보며 참회하는 심정이다. 깊이 생각지 않은 나의 얄팍한 마음을. 결과는 거짓말을 하지 않는다는 것을 뼈저리게 느끼면서.

자주색 고무신

풀을 뽑을 때는 자주색 고무신을 신는다. 한여름 뱀이 출몰하고 벌레가 기승을 부릴 때는 장화가 제일 이로울 것이지만 한참 지나면 발이 후끈거려서 견딜 수가 없다. 그래 생각다 못해 자주색 고무신을 사서 풀을 뽑을 때마다 꺼내 신곤 했던 것이다. 시원하기도 하지만 흙이 들어가도 물에 훌훌 털어 신을 수 있어 아주 편리하다.

나 어릴 적에는 검정고무신을 많이 신었다. 그마저도 떨어지면 실로 꿰매서 신는 애들이 많았다. 잘 사는 집 아이들은 가운데 하얀 이름표가 박힌 검은색 운동화를 자주 신었는데 고무신보다는 고급이지만 물에 들어갈 때는 벗어야 하는 등 불편한 게 많았다.

하지만 고무신에 대한 기억이 유쾌한 것만은 아니었다. 아버지가 장에서 사오는 고무신은 언제나 크기만 해서 불편한 게 많았다. 물자가 귀했던 시절이라 오래 신으라고 한 치수 큰 것으로 사다 보니 품이 넉넉해서 발이 늘 신발 속에서 겉돌았다. 특별히 요즈음 같이 더울 때는 땀이 차서 미끈거리기 일쑤고 그래 아주 더울 때는 아예 신발을 벗어 가방 속에 넣은 뒤 맨발로 가는 것이다.

그렇게 큰 고무신이라 냇가에서 물놀이 할 때는 편했다. 물놀이를 하다가 싫증이 나면 고무신에 물을 받아 잡은 물고기를 넣는다. 우리가 잡은 물고기는 피라미와 논고둥, 새우 등이었지만 집으로 돌아갈 즈음에는 신발을 신어야 하니까 놓아줄 수밖에 없다. 기껏 잡은 것을 생각하면 아쉽지만 가져간들 어른들이 잡는 생선 축에는 감히 끼지 못해서 아무 짝에도 쓸모없는 것들이다. 병이나 다른 그릇에 담았다면 가는 도중 풀밭에 버렸을 테고 결국 다 죽을 것을 생각하면 신발에 담았다가 돌아가면서 물에 다시 놓아주는 게 여러 모로 좋았다.

어머니는 한복을 입으실 때마다 고무신을 즐겨 신었다. 집안에 잔치가 있으면 으레 한복을 입으셨고 나는 또 고무신을 하얗게 닦아놓곤 하였다. 고무신에 낀 때는 여간해서 없어지지 않는데 거칠거칠한 돌에 문질러 대면 뽀얗게 살아난다. 다른 어떤 것으로도 닦을 수 없던 고무신의 때가 돌에 비벼야만 없어진다는 게 어린 마음에도 신기하기만 했다.

고무신은 곧 우리 쓰는 지우개와 비슷한 과정으로 만들었을 거라고 생각했다. 아니 과정보다는 지우개의 그 무엇이든 지우기는 해도 지우개에 뭔가 묻을 때는 무엇으로 지우느냐가 늘 의문이었다. 게다가 그 재료가 하나였다는 생각, 즉 지우개와 같은 원료로 만든 고무신에 낀 때도 무엇으로도 지울 수 없어 생각해 낸 방법이 결국 돌에 문질러 뽀얗게 만드는 거였다.

고무신에 대한 고무적인 의미를 생각한 것은 좀 더 자란 뒤였다. 즉 사랑하는 사람을 배신할 때 신발을 거꾸로 신는다고 표현하는 것을 알고 난 후였다. 열렬히 사랑했다가도 헤어지는 일은 흔한데 왜 하필이면 신발을 거꾸로 신는다는 표현으로 대신했을까.

하지만 까닭은 알게 되었다. 그때의 신발이 거반 고무신이었던 것을 생각한 것이다. 가뜩이나 불편한 고무신을 거꾸로 신자니 얼마나 불편할 것인가. 사랑했던 사람과 헤어질 때는 그만한 이유가 있겠지만 거꾸로 신는다고 표현할 때는 이기적인 사랑일 때였다는 생각이 든다. 이를테면 더 좋은 조건의 사람을 만나 이전 사람을 배신해야 되는 상황을 표현한 것으로 본다.

하기야 살다 보면 신발을 거꾸로 신는 것처럼 불편한 경우가 한두 가지가 아니었을 것이다. 예를 들면 현재 또 이렇게 나와 같이 오일장에서 고무신을 사오면서 그때의 삶을 되돌아보지 않을까. 신발을 바꿔 신지 않고 거꾸로 신는 일 없이 오직 한 사람만, 오직 내 가족만을 위하여 사는 삶을 살고 있을 것임에, 고무신을 신으며 이 편한 신발에 유독 매력을 느껴 보면서 말이다.

저수지를 기웃거리다

내가 늘그막에 터를 잡아 사는 곳은 충북 음성 땅이다.

강원도 바닷가에서 태어나 서울에서 직장생활을 한 다음 결혼을 하면서 서울살이 30여 후에 전원생활로 돌아왔다. 볼일이 있으면 서울에 오가고 자연 속에 파묻혀 틈틈이 텃밭농사를 짓는다. 그 위에 내가 좋아하는 글을 쓰며 지내는 게 나름대로 행복한 날들이다.

우리 집은 저수지 주변에 자리 잡았으며 뜰 앞으로 개울물이 흐르고 피라미들이 떼 지어 노니는 모습에서 시간을 보낼 때도 있다. 아침이면 물안개가 피어오르고 밤이 되면 풀벌레 소리가 아름다운 노래처럼 들리는 곳이다. 이따금 넘어가는 해가 물목을 따라 선홍빛 그리메를 담그기도 하는데 그런 날 밤이면 밤새들 날아가는 기척이 여운처럼 들리기도 했다. 나 또한 자연의 일부가 되어 귀를 기울이고 함께 동화되는 날들이 그렇게 즐거울 수가 없다.

그러다가 겨울이면 나도 모르게 고립된 심정이었는데 특별히 시골에 내려오던 첫 해에 그랬다. 아직 이웃 사람들과 교제를 트지도 못해서 가뜩이나 서먹서먹한 시골 생활에 겨울이 닥치니 내성적인 나로서는 외로울 수밖에 없었다.

그렇게 겨울이 다갈 무렵 아마도 정월 중순이었을 것이다. 대한 추위가 기승을 부릴 즈음이면 저수지도 침묵을 지키는데 동지가 되면서 꽝꽝 얼어붙기 시작한다. 저수지는 겨우내 빗장을 지른 채 말이 없다. 그렇게 겨울이 지나곤 하는데 어느 날 창밖으로 얼음 낚시꾼이 보였다. 말 그대로 얼음을 깨고 낚시를 드리우는 것으로 모처럼 따스운 날 창가에 앉아 보노라니 그야말로 한 폭의 풍경화다.

풍경도 풍경이지만 그에 얽힌 일화가 문득 떠올랐다. 우리 다 아는 얘기로 병든 부모가 어느 날 생선이 먹고 싶다는 말을 비치면서 발단이 된다. 낚시를 드리울 수 있는 때였다면 얘깃거리가 되지 않을 테지만 지금 같은 겨울이라 당장 구하지 못하면서 희귀한 얘기로 전해져 왔을 것이다. 생각다 못한 아들이 얼어붙은 강가에 가서 망연자실 앉아 있으려니 갑자기 얇은 얼음구멍으로 잉어가 펄쩍 뛰어오르더란다. 한겨울 낚시꾼을 볼 때마다 생각나는 얘기였으나 필경은 낚시를 해서 잡은 것이리라.

짐작건대 효자는 부모님의 말씀을 듣고 곧장 낚시도구를 챙겨 강가로 달려갔을 것이다. 얼음을 깨고 시작했다고 하지만 그럴 필요도 없이 강가에는 군데군데 숨구멍이 있었을 테고 거기 가서 낚시를 드리웠을 줄 안다. 그리고 얼마 후 잉어가 잡혀 효자 아들은 기뻐하며 그것을 갖고 잉어찜을 해서 드렸을 법한데 그것을 들은 이웃사람들이 사실을 부풀려서 소문을 냈을 테고 그것이 지금까지 전해지면서 얼음낚시의 시초가 되었지 싶다. 모르기는 해도 그 얘기를 들은 원근 사람들이 겨울이면 너도 나도 얼음낚시를 하면서 겨울에 먹기 힘든 생선 맛을 즐겼을 테니까.

아울러 같은 생선이라 해도 겨울에 더 맛있는 그게 더 얼음낚시의 묘리를 자극했을 것이다. 여름에 잡히는 생선은 당연히 신선한 맛이 덜했을 텐데 그 얘기를 들은 사람들이 힌트를 얻어 시작한 거라면 한 사람의 효심에 시작되었을 얼음낚시가 자못 친근한 느낌이다. 단지 그 과정으로 시작되었다고만 볼 수는 없는 일이었으나 외딴 우리 마을 저수지에서 보는 낚시꾼의 모습에 가난한 효자의 이야기를 배경으로 깔고 적적한 겨울을 달래 본 것이었다.

그렇게 해마다 겨울이면 그 얘기를 회상하며 저수지를 돌아보곤 하는데 오늘은 음성으로 모임이 있어 가는 중에 시간 여유가 있어 우리 마을보다 더 큰 저수지를 지나게 되었다. 한 가족인 듯한 사람들이 낚시를 하고 있다. 아마도 방학을 맞아 온 가족이 낚시를 나온 것 같다. 겨울치고는 유난히 따스한 날 약속 시간까지는 여유가 있다 싶어 길옆에 차를 세웠다. 자세히 보니 주변에는 벌써 항아리 뚜껑만한 구멍이 대여섯 개 뚫려 있고 가족들 모두가 지키고 앉아 있다. 잠시 전에는 얼음판 위로 장난치면서 돌아다니던 애들도 시끄러우면 고기가 도망친다는 말을 들었는지 웅크리고 앉아 지켜만 보고 있다.

얼마나 시간이 지났을까 숨소리를 죽여 가며 옆에 서 있는데 돌연 낚싯대가 움직인다. 그쪽에서도 벌써 기미를 알았는지 다들 긴장한 채 낚싯대만 바라보고 있다. 이어 살금살금 숨죽이며 끌어당기는 가운데 보니 퍼덕이며 올라오는 고기가 보였다. 제법 큰 월척을 낚았나 보다. 전문적인 낚시꾼이라면 별 게 아닐 것이나 모처럼 날을 잡아 나온 신출내기 낚시꾼들로서는 굉장한 것이었다. 나 역시 펄떡이는 물고기에 만면에 웃음을 머금으며 생면부지의 가족들과 즐거워하였다.

돌아보면 생면부지 낚시꾼들이다. 어쩌면 나는 바닷가에서 살아 그러한 정경을 그냥 지나치지 못하는 것 같다. 농촌에서 자란 사람들이 논에서 이듬매기를 하는 것도 그냥 지나치지 못하듯 어디 낯선 개울가에서 하다못해 텐트를 쳐 놓고 낚시를 하는 것도 그냥 지나치지 못하니 이 또한 내 고향 바다에 대한 향수 때문일 터이다. 오늘따라 마음이 무척 따사롭다.

정상에서 내려올 때

고즈넉한 마을에서 스피커 소리가 들린다. 마을 청년회에서 등산을 겸한 돈독한 마음을 다지기 위한 하나의 모임 안내다. 나도 한 번 젊음을 회상하며 참여해 볼까 생각한다.

너무 무의미한 것은 아닐까 고민도 하면서 청년들과 또한 그 부인들에 어울려 갔다. 나 자신 한번쯤은 뒤에 서서 관조할 줄도 알아야 되거늘 어떨 때는 분수없이 나서는 것 같은 마음이고 보면 부끄러움마저 든다. 충북 괴산이라는 군소재지 또한 백두대간의 하나인 대둔산 정상을 오르려 한다. 자신을 갖고 따라 올라가는 마음은 한없이 아롱거리는 산수에 넋을 잃는다.

물 맑고 공기 좋기로 유명한 곳으로 몇 번을 와 보았지만 올 때마다 색다른 느낌의 풍광이다.

청년들은 마을 평평한 곳을 뛰어 다니 듯하다. 나는 왜 이렇게 무모하게 산을 오르려하였는가 반문해볼 정도로 숨이 가빠온다. 괜히 잘 오르는 친한 아우에게 거기 서 있으라고 나를 기다리라고 소리소리 지를 기운은 남아 있어 괜한 이웃을 괴롭히기까지 하며 가쁜 숨을 멈출 수가 없다.

정말로 어떻게든 정상에 오를 각오로 허덕이며 올랐다. 한참을 먼저 올라간 동료들은 각기 싸 갖고 온 음식을 펴놓고 편안한 자세로 먹고 있다. 올라오는 내내 내게 괴롭힘을 당한 이장과 아우는 나 하나로 하여금 늦게 왔다는 죄책감마저 든다.

다음에 이런 모습을 보이지 않겠노라고 다짐하며 배낭의 도시락을 꺼내 보니 이장댁은 미역국에 산에 올라오면서 먹을 수 있는 야채 등 모든 것을 싸온 것이 다시 한 번 산에서의 산지식이 풍부한 사람들로 여겨졌다.

아끼는 아우는 따뜻한 커피까지 준비해오는 온화한 마음에 그저 흐뭇하고 올라올 때의 숨 가쁜 모습은 찾아볼 수 없고 얻어먹는 재미로 그 고통을 잊을 수 있었다. 인간의 존재감이란 것을 새삼 느끼는 하루였다.

인간이 할 수 있는 모든 여건, 인간이 지닌 분수를 어떻게 공유하고 나눌 수 있나에 그 한계가 바로 오늘 나의 행동에서 미련하고 부족함이 아니었나 싶다. 제 분수도 모르고 청년들이 오르는 산을 흥에 겨워 따라 왔으니 할 말이 없다.

순수한 자연에 우뚝 서 있는 산을 그 또한 햇빛과 공기를 마음껏 휘저었다고 생각하니 고개를 들 수가 없다. 그래도 순수한 마을분들 덕분에 나 이렇게 정상에 오를 수 있었고 편한 점심을 먹을 수 있었던 것은 두고두고 감사할 일이다. 애틋한 마을 청년들과 아낙네들의 순수함을 혜택 받은 나 자신은 그저 뿌듯함 그 자체였다.

이제는 내려가야 된다는 청년 회장의 말에 모두들 자리를 털고 일어났다. 어쩐 일인지 내려갈 때는 잘 갈 것 같은 마음에 빠른 걸음으로 재촉하며 내려오는데 너무 오만 하였나 바싹 마른 소랫길은 발이 미끄러지며 어디 잡을 곳이 없다. 앞을 보니 가느다란 나뭇가지가 잎은 떨어졌는지 모두가 그 나뭇가지를 의지하며 내려옴직한 반들반들 윤기가 흘렀다.

나 역시 그 나무를 꼭 움켜잡았다. 그 가느다란 나무는 나를 무사히 아래로 내려올 수 있게끔 도와주었다. 참으로 연약하리만큼 가냘픈 나뭇가지가 모든 등산객을 나와 똑같은 방법으로 수없이 잡아 주었음을 생각할 때 너무나 웅장한 모습으로 보여진다.

한날 실 가닥만한 나뭇가지가 그 같은 힘을 지니고 있음은 모든 산수와 풍광이라는 보약을 흡수하여 날씬하고 매끈하게 자라지 않았을까. 자연과의 공존을 겸손하게 지켜왔을 것을 새삼 느껴본다.

가냘프다고 하여 그 마음까지도 연약한 나무로 보아서는 안 될 것 같은 마음에 뒤에 오는 이들에게 감사하며 내려오라 하는 내 마음은 서글픔마저 드는 것은 왜일까. 약하디약한 나뭇가지가 수없이 드나드는 모든 인간에게 이렇게 반질반질할 정도로 손을 잡아 주었으니 말이다. 그 덕분에 나는 내려오는 내내 펄펄 날아서 왔다고 할 수 있을 만큼 가뿐한 마음이었다.

내려올 때가 더 어렵다던 말들을 뒤로한 채 오늘의 산행은 행복하였다. 뒤변덕스럽던 마음은 온데간데없다. 빛과 바람과 훈훈한 인심 그 모두에 취한 하루였다. 또한 오롯이 허리 굽혀 소임을 다하는 나뭇가지에도 고개 숙여 보는, 자연에서의 모든 것에 행복을 느끼는 하루였다.

조각난 멍석

바야흐로 여름의 끝자락이다.

풀 섶에 달맞이꽃이 화사하다. 달밤에 핀다 하여 달맞이꽃이라는데 아침나절인 지금 노랗게 피어났다. 바람에 묻어오는 향기까지 곱다.

달맞이꽃이 특별하게 예쁜 것은 없다. 그런데도 까닭 모를 연민이 느껴지곤 한다. 꽃대도 엉성하고 잎도 억세 보이는데 별나게 투명한 꽃잎 때문이다. 바람에 나풀나풀 흔들릴 때는 금방이라도 찢어질 것 같지만 끝없이 피고 지는 게 특징이다.

조각난 멍석을 본 것은 달맞이꽃 핀 길을 지나올 때였다. 사람들 발길에 꽤나 오래 밟힌 듯 삭았어도 새끼줄 모양은 선명하게 남아 있었다. 잘라서 수선이라도 해보고 싶은 마음에 집어 들고 왔다. 가위로 잘라 홀치기 할 속셈으로 둥글게 모양을 냈다. 오려낸 테두리를 따라 감치고 보니 그럴듯했다. 통짜가 아닌 조각품이지만 주방에 두고 받침대로 쓰기로 했다. 꽃병이나 도자기를 올려놓아도 뜻밖에 잘 어울린다. 새삼스럽게 주워 오길 잘했다는 생각이 들었다.

멍석을 좋아한다. 한 대여섯 장은 되는데 그중 두 장을 뒤뜰 처마 끝에 벽에서 조금 띄어서 돌돌 말아 걸어 두었다. 덩지가 커서 둘 데가 마땅치 않기도 했으나 그보다는 지푸라기로 만든 거라서 자칫 삭기라도 할까봐 걱정스럽다. 특별히 비가 자주 와서 습습하면 벌레가 꼬이는 등 성가신 일이 많아서 거풍도 시킬 겸 말리는 역할도 하지만 옛적 어른들의 하셨던 모습에서 곁눈질한 셈이 된다.

거실에도 멍석을 깔아놓았다. 밟으면 까슬까슬한데도 촉감은 좋다. 양탄자(카펫)가 흔한 세태라 그런지 집에 찾아오는 손님들도 멋있다면서 좋아한다. 하기야 옛날에 멍석은 생활에 요긴한 필수품이었다. 지금이야 멍석을 대신할 만한 자리가 흔하지만 그때는 손으로 직접 엮어서 사용했다. 가을이면 콩 꼬투리를 따서 말리게 되고 그때 멍석에 깔아 말린다.

들깨를 베어 말리거나 동부와 팥을 뽑아 말릴 때도 멍석이 등장했다. 바싹 마르면 도리깨질을 하고 거기서 꼬투리를 따로 모아 방망이로 두들긴 뒤 키질을 하여 알갱이를 골라낸다. 어떻게 보면 모든 것을 말릴 때는 멍석만 한 것은 없는 듯하나, 거실에 깔아 놓을 때는 지푸라기가 여기저기 떨어지는 것에도 나는 연민을 느낀다.

결국 가을의 수확마당에 없어서는 안 될 물건이었다. 그 모양은 주로 네모난 게 많은데 귀퉁이마다 끈이 달려 있어 쓰지 않을 때는 둘둘 말아서 걸어두는 것이다. 둥근 것 중에서 약간 작은 것은 맷방석이라 하여 맷돌질을 할 때 쓴다. 동네에 무슨 행사가 있으면 멍석을 깔고 그 위에 차일을 쳐놓았다. 정월에 윷놀이를 할 때는 물론 무슨 잔치가 벌어질 때마다 등장하는 멍석, 오죽하면 하던 짓도 멍석 깔면 안 한다는 말이 다 생겼을까.

어릴 적 시골에서 멍석 만드는 것을 자주 보았다. 날실은 멍석을 짤 때 세로 방향으로 놓인 실이며, 씨실은 가로 건너 짜는 실이라고 하는데 나로서는 그마저도 이해가 되지 않고 있지만 모처럼의 멍석에 대한 고즈넉함을, 옛날을 되짚어보는 계기가 되었다. 이따금 권세 있는 집안에서 멍석에 사람을 말아 뭇매를 치면서 벌을 주는 형식으로도 많이 썼던 멍석이 오늘 이렇게 잘

라내어 모양을 예쁘게 만들면서 지나간 추억을 불러온다.

요즈음 짚공예가 한창 붐을 이루고 있는 것도 멍석의 남다른 운치 때문이라고 본다. 옛날처럼 마당에 깔아 놓는 게 아닌 소소한 생활용품으로 만드는 게 전부였으나 다 아기들 장난감이나 인형을 올려놓거나 혹은 벽걸이용으로 그 위에 크고 작은 장식을 매달아도 운치가 있다. 옛날처럼 대대적으로 만들지는 않아도 소품같이 또는 장식품같이 만들면서 남다른 아취를 돌아보는 것도 삶의 활력소가 되리라 믿는다.

해거름 산책 시간에는 달맞이꽃을 한 아름 꺾어 왔다. 투박한 질그릇에 듬성듬성 꽂아 거실 탁자에 놓았다. 투박한 멍석 위에 성근 달맞이꽃 줄기가 묘하게 잘 어울린다. 꽃잎은 얄팍한데 줄기와 잎은 유달리 거친, 바로 그 상반된 느낌이 얼금얼금한 멍석과 조화를 이룬 것일까. 세련된 공예품이 판을 치는 요즈음 멍석이 뜻밖에 서툴지 않은 이미지로 다가오듯 혹은 멍석 말기가 이름은 투박해도 아련한 고향 내음이 물씬 풍겨나는 것처럼….

thank you

후쿠오카의 풍경은 맑고 깨끗하다. 우리나라 시골마을을 지나는 것처럼 시원한 바람과 맑은 공기가 전원적이다. 우리의 삼월하고도 중순에 접어든, 새싹이 트고 푸르러지는 날씨를 잘도 맞추어 온 것 같았다. 날씨도 좋고 기분도 상쾌하다. 여행을 하는 기분으로서는 최상이다. 나름 정성껏 키운 자식들 덕분이지 싶기도 하고 무엇보다 사위를 잘 두어서 그렇다는 생각에 내심 흐뭇하다.

오후에는 근방에 있는 온천에 가기로 했다. 오늘은 일본 여행 3일째 되는 날이고 그래 그런지 다들 피곤한 기색이다. 점심을 먹으면서 자연스럽게 온천 얘기가 나왔다. 일본은 속칭 온천의 나라고 후쿠오카 하면 그중에서도 노른자라고 할 온천 지역이었다.

하지만 손님이 너무 많다. 당연히 붐빌 거라고는 예측했으나 얼핏 보기에도 일본 사람이 아닌 관광객이 태반을 차지하고 있다. 관광 시즌이 되면 도시가 붐빌 정도로 많고 특별히 우리 한국에서 많이 온다는 말을 들었다. 과장된 표현인지 모르겠으나 우리나라 IMF때는 온천사업이 타격을 입고 더러는 문을 닫기도 했다. 그만치 온천을 좋아하는 민족이었으나 온천 하면 일본이 떠오를 정도로 뛰어난 효능이 있다니 그럴 수밖에 없다. 일본은 누가 뭐래도 온천의 나라였다.

1시간쯤 되었을까, 탕 내에 수증기가 자오록하다. 후쿠오카에 처음 왔을 때 수증기가 어려 있던 광경이 스쳐간다. 하기야 온천이 많다 보면 뜨거운 김 때문에 안개가 낀 것처럼 되는 게 당연하다. 게다가 낮게는 ℃90에서 100도 이상까지 올라가는 특별한 곳인데 건물이며 도시 외관이 옛날 방식이고 아주 소박하다. 일찍 선진국 대열에 서 있던 일본이 현대식 건물도 많지 않고 대부분 낡아 보이는 것은 건물을 짓고 싶어도 언제 어떻게 될지 몰라 조심스러웠을 것이다.

그 외에 화산폭발도 잦아서 활화산이 무려 2천 개다. 지리적 악조건이 자연재해로 이어지고 툭하면 우리나라로 쳐들어 와 노

략질을 일삼았을 텐데 화산폭발과 지진에 의해 형성된 온천수 때문에 세계 제일의 관광지가 되었다. 화산 폭발하면 대개 끔찍한 피해만을 생각하는데, 화산재는 가옥이며 농경지를 뒤덮어 피해를 입히지만, 풍부한 광물질로 땅이 비옥해지기도 한다. 이탈리아의 화산 지역 농민들이 무기질이 많은 땅에 올리브, 오렌지, 포도 등을 재배하는 것과 비슷하다. 온천에서 나오는 열을 이용한 온실 재배가 있고 열대어를 기르거나 해초와 목재를 말리기도 한다. 거주민들은 불안하지만 일본 같은 경우 관광수입의 원천이 되고 이탈리아에서는 특수재배가 이루어진다.

한낱 재앙이라도 나쁜 것만은 아니지 싶어 감회가 남다른데, 손녀딸이 물이 먹고 싶다며 다가온다. 입구 맞은편 모퉁이에 사람들이 모여 물을 먹고 있다. 꼭지를 돌려서 물을 받으려는데 나오지 않는다. 한참을 이리저리 틀어도 되지 않으니 초조해진다. 옆에서 한 일본아이가 손짓 발짓으로 발판을 밟으면서 이렇게 하라고 일러 준다. 돌절구 옆의 발판을 밟으면 꼭지에 연결된 호스에서 물이 나오고 표주박으로 떠먹는 식이었다.

어린 것이 대견한 마음에 "고마워."라고 답례를 했는데 내가 사랑하는 손녀딸 인아가 다가와 "할머니 그렇게 말하면 어떻게 알아들어요?"라고 딴에는 정색을 한다. 그리고는 이어서 "thank you라고 해야지."라고 귀띔해 준다. 그제야 '참 일본아이였었지?' 라는 생각이 들었다. 내게 손짓발짓으로 가르쳐 주던 일본아이도 귀엽지만 가만 가만 일러주던 외손녀는 더욱 귀엽다. 일본말로 대답하라는 게 아니고 세계 공통어인 영어로 '땡큐'라고 하면 금방 알아들을 텐데 답답하다는 기색으로 그러면서도 내가 무안해 할까봐 짜증을 내지 않고 차근차근 설명해 주던 그 말투.

'땡큐'가 감사와 고마움을 표현한다는 것을 우리 인아는 알고 있었던 걸까. 외국여행을 자주 다니기도 했고 나 또한 학창 시절에 영어를 배웠는데 오히려 한 수 배운 느낌이다. 일본 역시 우리나라처럼 어릴 때부터 영어를 배운다는 것도 새삼 알았다. 어디를 가든 화산에서 내뿜는 연기와 온천에서 나오는 수증기를 보게 되는 후쿠오카에서 사랑하는 딸들 가족과 여행을 즐기는, 내 생애 기억될 만한 사건으로 지금 이 후쿠오카에서의 하루보다 더한 게 없을 것 같은 마음도 아홉 살밖에 되지 않은 손녀딸 때문이라면 과장된 표현일까. 화산이 폭발하는 것 같은 오랜 곡절이 서려 있다고 나름 생각한 것이다.

사는 건 누구나 힘들었겠지만 두 딸만 키운 탓에 설움도 많았으나 지금은 외손자가 둘이나 된다. 미덥기도 하지만 외손녀는 또 어찌나 귀엽고 깜찍스러운지 주책이다 싶을 정도로 자랑하고 싶다.

이제 여행을 끝내고 돌아가면 한동안은 설렐 것이다. 딸들 내외와 다녀온 온천 여행도 좋았지만 내가 무안할까봐 소곤소곤 나지막한 소리로 내게 일러주던 손녀의 모습이 더더욱 잊히지 않을 것 같다. 어쩌면 저희 엄마 아빠에게도 비밀을 지켜줄 것 같은데…. 온천도 온천이지만 해맑은 표정으로 눈을 동그랗게 뜨면서 속삭이던 소리가 꾀꼬리보다 곱고 옥쟁반 구르는 소리보다 낭랑하게 들렸으니까.

4.

청미천의 하루

지혜로움

잠이 오지 않는다. 깜빡 잠든 것 같아 일어나 보면 30분도 채 지나지 않았다. 책을 보려고 해도 들어오지 않고 마음만 어수선하다.

오늘 하루의 일이 주마등처럼 스쳐간다. 아무리 생각해도 내가 잘못한 것 같지는 않았다. 성격상 마찰을 피하는 기질인데 생각하면 오늘 일이 참 어이없지 싶다. 게다가 존경하는 분으로서 모든 일에 중립을 취해야 되지 않는가라는 고집도 풀리지 않는다. 잘잘못 여하간에 불을 끄는 역할을 맡아야 되지 않을까 싶다. 한술 더 떠서 상대방을 두둔하는 건 있을 수 없는 일이라고 보았다.

그런 마음이 드는 것도 얼핏 이기심이었다는 생각이 들었다. 아주 어려서 들은 황희 정승의 이야기가 떠오른다. 한 번은 그가 사랑채에서 쉬고 있는데 집안의 종 하나가 달려와 아무개가 이러저러한 잘못을 했다고 고자질을 했다. 한참 얘기를 듣고 난 그는 "네 말이 옳다."라며 위로한 되돌려 보냈다. 얼마 후 이번에는 문제의 그 종이 달려와 좀 전의 그 종을 헐뜯기 시작했다. 그러자 이번에도 "네 말이 옳다."고 맞장구를 쳤다. 옆에서 보고 있던 아내가 당신 말은 도대체 종잡을 수가 없다고 하자 그도 역시 부인 말이 옳다고 한 내용이다.

이 얘기는 말할 것도 없이 모든 사람의 입장을 헤아리는 일화로 널리 알려져 있다. 바로 그 원만한 인격이 개국 초부터 세종조에 이르기까지 공정한 정책을 펴온 밑거름이 된 것을 생각하면, 넓은 아량이야말로 복잡한 인간관계의 윤활유 구실을 한다는 게 실감이 되는 것 같다.

그러나 어려서는 황희 정승을 비열한 기회주의자라고 생각해 왔다. 잘잘못이란 흑백논리처럼 양편으로 갈라지는 줄 알았다. 그 살아온 시기가 정치적 파동이 심했던 것 때문에 더 그랬다. 누구 편도 들지 않는 애매모호한 성격이 줄타기의 성패를 좌우한 것으로 생각했다. 그런 내가 지금은 또 모든 사람에게 황희 정승 같은 역할을 해주길 바라고 있으니 그 또한 얼마나 이기적인가를 알겠다.

어려서 들을 때는 이 사람도 좋고 저 사람도 좋다는 식의 분명치 못한 성격이라고 해왔는데, 막상 내게 비슷한 일이 생기면서는 그 원만한 성격을 어느 누구에게 대비하고자 했다. 그러고 보니 자신의 그릇의 크기가 드러난 것 같아 마음이 영 개운치가 않다. 그분이 어떠하든 나를 두둔해 줬다면 이렇게 복잡한 심경은 아니었을 거라는 생각이 드는 것은 왜일까.

십중팔구는 그랬다. 잘못했다고 핀잔을 받은 내가 망년회가 끝날 때까지 시무룩해 있었다면 상대방은 시종일관 희희낙락했을 것이고 어쩌면 그것을 보는 마음이 더 꽁해 있었던 것을 생각하지 않을 수 없었다. 상황이 바뀌었다면 나 역시 똑같았을 거라고 여긴 때문이다. 결국 식사를 하고 나서 화해를 하고 마음을 풀었는데도 석연치가 않다. 잘못은 무조건 덮으라고 하는 말이 생각난다. 잘잘못이란 거름과도 같아서 덮지 않으면 냄새가 날 수밖에 없다.

잘잘못이란 따지고 보면 주관적인 개념이다. 똑같은 일이라도 내가 한 일이면 잘 한 것이고, 남이 한 일은 잘못한 것으로 치부된다. 들보같이 큰 잘못도 나의 경우에는 티같이 작게 생각하고, 남의 잘못은 티같이 사소한 것인데도 들보처럼 크게 부풀린다. 세상 모든 일이 대부분 그렇듯이 그 또한 기준에 따라 양상이 달라진다.

다시금 황희 정승의 심기를 헤아려 볼 때 그에게 자기의 답답한 마음을 터뜨리고 간 두 사람 종의 마음도 추적해 본다. 오늘의 내가 바로 그 두 종의 한 사람에 비교되는 것 같아 스스로 부끄럽기만 했다. 나는 잘못이 없는데 남이 잘못해서 이렇게 되었다고 하는 옹졸한 마음이 돌이켜진 것 같다.

잘잘못에 대해 왜 그처럼 연연했는지 모르겠다. 자기가 옳다고 우기는 것보다 더 커다란 잘못이 달리 없음을 몰랐다. 사필귀정이라고 잘잘못은 밝혀지게 되어 있는데 말이다. 구름이 걷히면 하늘은 절로 드러난다. 바람만 불면 일시에 사라지는 것 또한 구름인데, 그새를 못 참고 분을 터뜨리는 것도 우리의 한계였다.

돌아보니 사소한 다툼으로 얻은 깨달음이 많았다. 타성이 되어서도 곤란한 게 태생이 그렇다고 방치해 두는 것 곧 무책임한 행동인 까닭이다. 그보다는 어쩌다 있는 마찰도 필요한 것으로 생각되었다. 잘잘못을 따지는 다툼이 있기에 우리들 모난 성격이 그나마 둥글어지게 된다. 잘잘못이란 누구도 왈가왈부할 수 없는 일이다. 누가 어떻게 평가하느냐에 따라 달라지는 까닭이다. 얼마나 많은 사람을 포용하느냐에 따라 인품이 좌우된다. 이 세상 가장 넓은 것은 인자한 성인의 가슴이라고 했던가. 어떤 사람의 잘못도 덮어가는 아량이야말로 곧 무한의 범주인 셈이다.

그러고 보니 다툼이란 것도 필요하다는 생각이 들었다. 쇠도 갈아야 연장이 되듯 다툼이 없는 인간관계는 생각할 수 없는 일이다. 마찰잘못은 무조건 덮으라는 말도 아울러 떠오른다. 역겨운 거름이 작물의 성장에 커다란 도움을 주는 걸 보면 그 냄새도 참을 만했던 것처럼. 그러고 보면 우리들 일상적인 사소한 다툼도 나중의 원만한 인간관계를 위한 밑거름으로 남는 것으로 보아 무리는 아닌 것 같다.

부리는 종의 말조차도 누가 옳다고 단정을 짓지 않는 황희 정승의 마음을 배우고 싶다. 누구도 편들지 않는 것을 꼬집는 부인의 말도 옳다고 할 수 있는 여유가 부럽다. 어려서 생각해 온 것처럼 결코 우유부단한 사람이 아니었음에. 주어진 책무나 집안일에는 철저하지만 누구를 막론하고 그 입장을 헤아리는 마음은 진정 본받아야 될 성품이었다. 너도 충분히 그럴만했다고 수용하는 그게 조선조 최대의 격동기를 무사히 넘긴 모태로 남았던 그 지혜로움을 거듭 숙지해 본다.

짝사랑

무엇이든 매일 주고 싶은 사람이 있다.

마음이든 크게는 나의 이 한 몸까지도 주고 싶은 사람은 바로 내 가장 사랑하는 손자임을 이해할 분들은 나와 같은 흰머리의 노인들이 아닐까. 그 손자로 인해 살면서 활력을 찾고 기쁨을 얻을 수 있다는 것이 무척 행복하다. 녀석의 눈동자를 바라만 보아도 미소가 나오고 그럴 때마다 영원의 그리움이란 이런 것인가 싶을 정도로 마음이 아려 온다. 그저 주고 싶고 바라만 보아도 마냥 좋은, 쳐다만 보아도 흐뭇한 그것을 나는 짝사랑이라고 이름 지었다.

짝사랑은 나 혼자만의 사랑이다. 상대방이 어떻게 나오든 나 혼자 좋아하는 하염없는 사랑이다. 짝사랑 하면 흔히 이성 간에 혼자 좋아하다가 상사병으로까지 발전하는 일화가 많은데 할머니로서의 짝사랑은 드물 것이다. 보통 손자는 예쁘다 하지만 나처럼 짝사랑으로까지 발전하는 예는 흔치 않을 것이기 때문이다. 아니 어쩌면 흔할지도 모르는데 나만 그렇다고 생각하는 이것이 곧 짝사랑의 두드러지는 증상일 것이다.

하지만 손자에 대한 애착이 지나쳐 어이없는 실수를 저지르기도 했다. 며칠 전 갑자기 아프다는 바람에 병원에 갔더니 장염이라고 한다. 하루를 입원하고 치료를 받고 난 뒤 녀석이 내일은 학교를 가야겠단다. 또렷한 말씨와 명랑한 기색이 처음 배를 끌어안고 병원에 갔을 때보다 많이 나은 것 같다. 여느 때도 학교에는 꼭 가야하고 결석은 않겠노라고 말하는 편이지만 제 딴에도 아프지 않아서 자신 있게 말하는 것 같아 내린 결정이었다.

곧바로 의사선생님께 퇴원을 하고 싶다는 말을 비쳤으나 한 이틀 더 입원해야 된다고 곤란한 듯 말했다. 그래도 나는 아직은 배가 약간 아플 텐데도 무릅쓰고 학교를 가고 싶어 하는 마음을 다칠 수 없다는 생각에 의사선생님을 졸랐고 어쩔 수 없이 퇴원을 시켜주는 의사선생님을 뒤로한 채 집으로 돌아왔다.

하지만 웬걸 집에 도착하자마자 열이 나고 배가 아프다는 통에 하늘이 노래지는 기분이었다. 제 방에 들어가자마자 복통을 일으키며 뒹구는 녀석을 보니 나 역시 입이 타들어가고 어찌할 바를 몰랐다. 되짚어 병원을 향해 가면서 집에서 병원까지 가는 30분 동안 오만가지 생각이 다 들었다. 고집을 부릴 게 따로 있지. 지금 이 상황에 의사선생님 말도 무시하고 퇴원을 시켰던 일에 심한 자책감이었다. 눈에 넣어도 아프지 않은 손자가 학교에 가고 싶어 하는 것은 말할 수 없이 귀여웠으나 하루 더 참고 치료를 받아야 된다고 따끔하게 야단을 치지 못한 것도 후회스럽기도 했다.

별의별 생각 끝에 병원에 도착한 뒤 부랴부랴 치료를 받았다. 그러고도 일주일을 입원하고 난 뒤에야 좋아졌으니 손자의 말만 듣고 하루 만에 퇴원을 시킨 게 새삼 부끄럽다. 무엇보다 의사선생님 보기가 민망하고 남우세스러웠으나 퇴원을 시켰을 때의 마음을 아는 듯 미소만 띠고 있을 뿐이다. 어쩌면 아픈 게 좀 나았다고 금방 학교에 가고 싶어 하는 것만 대견해서 똑같이 장단을 맞출 때도 다시 입원하게 될 것을 예상했을지 모르겠다.

이제는 아픈 것도 말끔히 가셨고 학교에 잘 다니고 있다. 짝사랑은 곧 혼자만의 사랑이지만 이번 같은 경우는 내 마음대로 결정한 게 가장 큰 실수였다. 예쁘고 귀엽다고 그 말을 다 들어

주는 게 아니었다. 이번처럼 건강에 대한 것은 물론 공부나 친구 문제 그리고 더 자라서 진로 문제 등 잘못된 선택을 할 때도 과감하게 말릴 수 있어야겠다. 가끔 제 부모와의 갈등으로 내게 와서 제 편이 되어 달라고 응석을 부릴 때도 나만의 사랑이라는 짝사랑 때문에 무조건 말을 들어준 적도 있었으나 이번 일로 생각을 많이 하게 되었다.

손자가 하고 싶다는 대로 무조건 들어 주다가는 이번처럼 무리수가 따른다는 걸 거듭 숙지하는 것이다. 그래도 잠시 잊고 또 다시 그 하는 말을 다 들어주고 싶은 마음이 들곤 해서 스스로도 딱할 지경이다. 생각하니 오늘 사탕을 먹는 걸 보고도 흐뭇한 마음에 바라보기만 했었다. 사탕을 많이 먹으면 나쁘다는 말 정도는 할 수 있으나 바라볼 동안의 대견한 마음 때문에 번번이 기회를 놓치고 만다. 참 어찌해 볼 수 없는 짝사랑의 징후로구나 싶지만 그냥 바라만 봐도 행복스러운 마음을 다치고 싶지 않으니 나는 손자를 둔 어쩔 수 없는 할머니다.

병원에서의 일을 생각하면 맹목적인 사랑이 손자의 앞길에 어떤 부작용으로 될지 두렵기도 했으나 자식은 부모의 간절한 마음 때문에 자란다는 생각이 들었다. 앞으로 병원에서와 같은 일이 또 벌어질 수는 있되 자식보다 더 귀여운 마음이 드는 내리

사랑이 그것을 무마하고 덮어줄 것만 같다. 솔직히 병원에서의 일은 무지한 할머니임을 시인하는 계기가 되었다. 아울러 손자에게도 때로는 냉정하게 굴어야 한다는 생각은 있지만 정작 닥치면 또 같은 전철을 밟을 것 같아서 나온 변명이래도 무조건 그 뜻대로 해주고 싶은 마음은 여전할 것 같다. 참 너무나 잘 알지만 그게 나이가 들수록 소외감을 느끼는 자신의 유일한 낙이었던 것을….

철쭉꽃을 보며

철쭉이 활짝 피었다. 지천으로 피던 벚꽃이 지면서 뒷산의 철쭉이 붉은 빛으로 만개했다. 찬란한 빛깔과 짙은 향으로 진홍빛 물결을 넘실대며 나를 유혹한다.

화초를 좋아한다. 그래 늘 화단이며 텃밭 주변에 꽃나무를 심고 더러는 산에 가서 야생화도 캐다 심는다. 그 때문에 철철이 아름다운 꽃이 피기는 해도 오늘처럼 뒷산 어름에 흐드러진 철쭉을 보면 내가 키워 가꾸는 꽃밭이 얼마나 보잘것없는지를 실감하게 된다. 가령 산에서 주기적으로 이름 모를 꽃이 피면서 드러나는 찬란한 경관은 우리가 할 수 있는 게 아니라 지천으로 널려 피어 있어도 자연에서 습기와 햇볕으로 서로 공존하며 자라는 것에 언제나 고개 숙여지는 것은 왜일까.

그 외에 인공 휴양림에 가면 인공 호수를 만들고 구석구석 들꽃을 심어 놓기 때문에 들어가 보면 산속에 들어와 있는 것처럼 느껴지기는 하나 아무리 넓은 곳을 가 봐도 수백만 평을 넘지 않는다. 심어 가꾸고 관리하는 게 힘들고 무엇보다 그에 드는 인력이며 경비가 만만치 않을 테지만 자연은 말 그대로 자연스럽게 크고 자란다. 때가 되면 누가 돌보고 가꾸지 않아도 제 스스로 초록을 내고 꽃을 피운다.

꽃과 나무 외에 잡초가 더 많을 것이나 그들 또한 함께 어우러져 아름다운 풍경을 자아낸다. 우리가 심어 가꾸는 정원이었다면 그들 잡초 때문에 여타 꽃나무는 자라기 어려운데 산과 들에서는 그렇지 않고 오히려 특이한 풍경으로 바뀐다. 꽃나무보다는 무성하게 자라는 잡목 때문에 저절로 나서 자라는 숲속경관을 따르지 못하는 게 인공으로 꾸미는 화단과 정원의 한계인 것으로 여겨질 때가 있다.

가령 우거진 숲속의 초록을 우리가 칠하고자 한다면 얼마나 많은 페인트가 들어가야 할지 상상이 가지 않는다. 설령 있다고 해도 어떻게 그 새새틈틈 자잘한 속까지 붓을 댈 수 있겠는가 싶어질 때면 자연 앞에 우리는 너무나 하찮은 느낌이다. 지금

보는 철쭉만 해도 골마다 등성이마다 흐드러진 것처럼 나 역시 예쁘게 가꿀 수는 있다 쳐도 숲을 배경으로 한 모습은 어찌 흉내 낼 수 있을까.

문득 우리 집 마당이 보이고 구석의 돌담에 우거져 있는 영산홍이 보인다. 참 그러고 보니 영산홍과 철쭉은 많이도 닮았다. 하지만 자세히 보면 철쭉이 키가 훨씬 크고 영산홍은 작은 편이다. 산등성이에 핀 철쭉과 저만치 보이는 우리 집 화단을 보면서 비교해서 그렇지, 한 곳에 놓고 보면 분간이 가지 않을 정도다.

언젠가 영산홍과 철쭉의 구별 방법으로 수술을 보면 알 수 있다고 한 글이 떠오르기도 했다. 여러 모로 흡사해서 구별이 어려울 때 수술이 5개면 영산홍이라는 것이다. 진달래와 철쭉은 비슷해도 피는 시기가 다르기 때문에 구별이 쉬웠는데 그렇게 또 다른 구별 방법이 있을 줄은 몰랐다.

문득 우짖는 산새 소리와 함께 아름드리 나뭇가지 사이로 푸른 하늘과 자그마한 새집이 보였다. 그러고 보니 숲은 산새의 보금자리였다.

멀리 자그마한 우리 집이 보인다. 언제나 느끼는 것은 뒷산 언덕 위의 하얀 집은 우리 집을 내려다볼 때마다 큰 정원을 만들어 준 자연의 손길이었다. 우리 집은 즉 아기자기한 뒷산 터를 자리 잡아 만든 조촐한 보금자리다. 새들이 울창한 숲에 들어 와 여린 나뭇가지에 둥지를 트는 것처럼 나 또한 뒤늦게 시골에 들어와 뒷산 아래에 터를 잡았다.

한때 젊은 시절 서울에 살면서 남보다 더 넓은 평수의 집을 장만하는 데 집착해 왔던 일이 생각난다. 어쩌다 동창들 집에 가서도 거실이 넓고 실내가 화려하면 집에 오고 나서도 한동안 눈에 밟히고 괜히 초조한 마음에 새로운 주택을 보러 다니기도 했으나 시골에 내려오면서 그 마음이 씻은 듯 없어졌다. 아니 지금도 서울 집을 오가면서 살림을 하는 터라 가끔 올라가면 이상하게 또 집에 대한 집착에 시달린다. 한 달이면 절반씩 서울과 시골을 오가면서 살림을 하는 것인데 시골에 올 때는 전혀 그런 마음이 들지 않다가도 서울 집에만 가면 그랬다.

곰곰 생각하니 서울 집에서는 어딘가 옹색하고 답답해서, 그럴 때마다 더 넓은 집을 원하게 되는 것 같다. 반면 시골집에 내려와 보면 풍경이 좋고 공기까지 맑으니 그런 잡념에 사로잡힐 이유가 없다. 복잡한 서울에 가면 나도 모르게 괜히 조급해지고 더러는 짜증까지 나는 건 아무래도 주거공간에 따른 차이가 아닌지.

그게 내가 요즈음 시골에 오기를 잘했다는 생각이 드는 이유

중의 하나다. 어느 때는 서울 집에서 더 많은 날을 머무르게 되나 어쩌면 그래서 이따금 내려오는 시골집의 운치가 더 간절한 것은 아닌지 모르겠다. 시골에 머물렀다가 서울에 올라가면 심각한 공해 문제가 더 실감이 가듯 그렇게 시달린 후 내려가는 시골은 또 며칠 동안 내게 쾌적한 주거 공간으로서의 역할을 충분히 하는 셈이다.

바람에 문득 싱그러운 철쭉 내음이 묻어난다. 해마다 5월이면 어김없이 피는 꽃내음이 오늘따라 더 향기로운 것 같다. 자연 속에서 묵묵히 피고 지는 철쭉의 한살이가 그려진다. 우리 집 마당과 나무들에게도 사이사이에 새록새록 느낌을, 향기를 풍만하게 전달하여 준다. 나도 그렇게 철철이 피고 지면서 자연의 일부로 남고 싶다. 내게 있어 훌륭한 산책로를 제공하여 주는 것에 감사함을 표하며 오늘도 이 철쭉꽃에 매료되는 삶이 행복하기만 하다.

청미천의 하루

신록이 물든 청미천 위로 새들이 날아간다. 눈부신 태양을 향해 비상하는 모습이 아름답다. 청미천의 큰 개천을 건너노라면 늘 경건한 물오리들의 비상과 알 수 없는 새들의 비행 모습에서 나 역시 한때는 날개를 꿈꿨던 적이 있었음이 스쳐간다. 부질없는 건 알지만 봄이면 앓는 계절병에서 이루지 못한 나의 꿈을 돌아보는 것이다.

해동이 되고 비가 잦으면서 물량이 늘면 청미천은 초록 대지 위를 유유히 흘러간다. 작게는 이천시 장호원과 충북의 감곡면을 이어주고 크게는 경기도와 충북의 가교 역할을 하는 청미천은 봄에는 벚꽃이 아름답고 이어서 꽃과 단풍의 여울로 흘러가는 계절의 스케치라 할 수도 있다.

청미천의 봄에서 가장 전형적인 풍경은 벚꽃이 피는 모습이다. 수많은 꽃가지가 물살을 향해 드리워지면 냇가에는 하루 종일 꽃노을이 피었다. 그 위에 저녁노을이라도 드리울 때는 꽃노을과 어울린 풍경이 백미 중의 백미였다. 그러다 얼마 후 깡그리 사라진 풍경은 못내 서운했다. 봄이 되면 다시금 재현된다는 것은 알고 있지만 화사한 풍경이 일시에 사라진 것은 가버린 세월만치나 허무했다. 그런 중에도 아쉬운 꿈을 거기에 비겨 생각하면 홀가분해지는 게 나의 꿈도 꽃을 피우고 진 다시 봄을 기다리는 봄꽃나무들처럼 잠깐 세월을 보류해 둔 상태로 생각이 든다.

그다음 나타나는 풍경은 물가의 버드나무다. 이른 봄으로 거슬러 가면 잎보다 먼저 피는 노란 꽃이 참으로 인상적이다. 쌀쌀한 중에도 볕이 노곤해지면 금방 녹색으로 물들고 그 가지는 머리를 풀어헤친 것 같다.

오래전 전해 내려오는 이야기를 되짚어보면 이웃에 젊어서 혼자 된 여자가 있었다. 사는 게 너무 힘들어 물에 빠져 죽으려고 했다가 산발한 여인네가 물속에 웅크리고 있어 죽기를 포기하고 돌아왔다고 한다. 다시 마음을 고쳐먹고 삼남매를 건사하면서 열심히 살았던 그 여자에게서 훗날 생각하니 버드나무의 그림자였었다는 해프닝 같은 얘기를 들었다.

봄이면 잎이 피기 전에 개화하는 식물들이 많은데 여기 하천에는 버드나무가 무성하여 물에 잠겨있는 모습은 마치 물고기들의 안식처 역할 같은 느낌이 든다. 성장이 빨라서인지 초여름도 되기 전에 물가를 뒤덮는 가지는 볼수록 풍성하다.

요즈음 들어 버드나무가 남달리 친근해진 것은 버섯 때문이었다. 봄이 되기도 했지만 며칠 전 이웃에서 버드나무 토막을 가져 와서 느타리버섯 종균을 이식해 둔 터였다. 아직 종균을 먹고 있는 상태지만 얼마 후 다닥다닥하게 자랄 모습이 물가의 풍성한 나무와 얼비쳐 지나간다.

누구나 알다시피 버섯은 나무에서 자라는 식물이다. 참나무에 혹은 소나무에 기생하는 것으로 알기 쉽지만 엄밀히 말하면 일방적인 기생이 아닌 나무와 상리공생하는 관계다. 버섯은 즉 나무에게 광물질과 수분 그리고 호르몬을 공급해 주면서 더 크고 건강하게 자라도록 해준다. 나무는 또 나무대로 탄소동화작용을 할 수 없는 버섯에게 탄소와 당분을 제공하면서 공생하는 것이다.

특별히 침엽수를 좋아하는 버섯도 있고 소나무와 참나무 등에 기생하는 버섯도 있는 것은 이미 알려진 사실이되 버드나무 버섯은 어쩐지 생소하지만 유독 잘 자라는 것은 가지와 이파리보다 꽃에 집중하고 피우는 데만 몰두하기 때문인지 모르겠다. 이렇게 꽃을 먼저 개화시킨 다음 녹색 잎을 보여주는 버드나무가 청미천에 드리워질 즈음 나는 풍성한 느타리버섯을 따며 감사함을 누릴 것이다.

나무와 버섯뿐이 아닌 식물의 50%는 서로 공생하는 관계라고 한다. 특별히 비옥한 땅이 아닌 소금기 있는 토양과 수분과 양분이 적은 사막의 식물이 더 많은 혜택을 주고받는다는 말을 들었다. 여건이 좋은 데가 아닌 식물이 살기 어려운 곳일수록 서로 도와가며 살아가는 게 정석이지 싶다.

눈을 들어 위를 보니 멀리 백족산 남쪽 끝자락에 자점보가 보인다. 지금도 물이 많이 흘러서 인근의 논에 물을 공급해 주는 농업용수다. 자점보의 유래는 김자점이 아버지의 산소 옆의 개천을 보로 확장하면서 비롯되었다. 김자점은 비룡상천형이라는 묫자리(묏자리)에 아버지를 모셨는데 개천의 물이 너무 적어서 용이 승천할 수 없다는 것이다. 그렇게 인위적으로 완성은 했지만 결국은 지나친 탐욕으로 몰락해 버린 인물이다. 경위야 어쨌든 그로 인해 현재는 인근의 논에 물을 대어 주는 유일한 수원이 되었으니 느낌이 묘하다.

가을이면 푸른 숲 사이로 넓은 개천에 텐트를 깔고 마음의 수양을 쌓으려는 듯 또한 가족의 우애 다짐과 행복을 위함인 듯 가족모임이 많은 듯하다. 오늘 나는 그 위를 걸으며 많은 상념에 젖으며 다시 한 번 어른들의 말을 되씹어 본다.

얼마쯤 지났을까, 해가 설핏해진다. 실자락 같은 가지가 노곤한 봄날 풍경과 어울려 남다른 정취를 자아낸다. 봄이 되기도 했지만 버섯을 키우면서 더욱 관심을 갖게 되었다. 동네 이름만 해도 버드내 혹은 버드나무골이라는 게 많았던 것을 보면 오래전부터 친근해진 나무다. 앞으로 울울창창 녹음으로 드리워지면 동네 어르신들이 바둑을 두고 낮잠을 즐길 테니 한가로운 풍경이 아닐 수 없고 그 풍경을 상상하는 내 마음이 오늘따라 자못 흔쾌하다.

청솔가지

봄바람이 향기롭다. 코끝에 와 닿는 바람에 솔향이 스며든다. 왠지 오늘은 솔향기에 중독되어 한없이 빠져들고 싶다. 몇 년 전 오일장에서 어린 소나무를 사다가 심은 것이 그새 커서 향기를 발하는 것이다. 처음 사올 때는 잘 클지 염려스러웠지만 세월이 흐른 지금은 가지를 쳐주어야 될 정도로 자랐다.

엊그제 가지치기를 했다. 가지가 수북하게 자라면 정기적으로 쳐준다. 그렇게 청솔가지가 잘려나갈 때는 어김없이 솔향이 풍겨 나온다. 쌉싸레한 것 같으면서도 상큼한 기분이다. 어릴 때부터 워낙 좋아했던 향기다. 초여름 송홧가루가 날리기 전 비가 오고 난 뒤에는 통통 살찐 솔잎을 볼 수 있다. 그리고 그럴 때 솔향을 맡기 위해 산속 소나무 숲을 찾아 돌아다니는 것이다.

딱히 무슨 냄새라고 하기는 어렵다. 어쩌면 나는 단지 솔숲에서 느껴지는 신선하고 차가운 냉기를 좋아하는지 모르겠다. 그것은 말하자면 고향의 냄새다. 아득히 고향을 떠나온 지금은 유일하게 잃어버린 향수를 달래주는 고향의 잔재라고도 할 수 있겠다. 무심코 들어가면 마음이 편하고 그래서 무한정 쉬고 싶어지는 마음의 쉼터라 할 것이다.

단지 그뿐이었다. 어린 마음에도 잠시 자연 속에 들어가 그 푸름과 싱그러움을 맛보고 느끼면서 자연의 일부라는 것을 생각하는 게 전부였다. 그러다가 요즈음 등산 붐이 부쩍 일면서 나타나는 현상을 보면 안타까울 때가 많다. 산에 오르는 사람들이 운동을 한답시고 소나무 기둥에 몸을 비비거나 혹은 발로 탁탁 두드리면서 나무를 괴롭히는 것 때문이다. 나 또한 그것을 보고 왜 저렇게 소나무를 괴롭힐까 얼마나 스트레스를 받을까를 생각하며 안타까운 마음에 다 오르지도 못한 채 내려온 적도 있다.

우리 주변 뒷산에도 많은 소나무가 반들반들 윤이 나 있거나 심한 상처가 있는 것을 봐 왔다. 등산이 저렴한 경비로 취미생활을 할 수 있는 방법 중의 하나고 그렇다면 애써 멀리 갈 게 아니라 가벼운 마음으로 인근의 산에 오르는 것은 당연하지만 그럴수록 서로 조심하면서 숲을 보호하고 살리는 일에 주력해야 될 것이다.

지금 소나무를 보고 잠깐 특유의 향기에 취하는 것은 바로 그런 기억 때문이다. 오늘 이렇게 청솔가지를 자르면서도 저 옆에 있는 큰 기둥을 이룬 소나무처럼 잘 자라 주기를 바란다. 솔향기에 묻혀 살고 싶을 뿐이다.

특별히 추석 명절에 송편을 만들 때는 파릇한 청솔가지를 몇 가지 꺾어서 가마솥에 넣고 쪄냈다. 솔향이 밴 송편은 차례를 지내기도 하고 남은 것은 그대로 두었다가 명절이 끝나고 출출할 때 다시 김을 올려 쪄서 먹기도 한다. 청솔가지를 넣은 떡은 쉽게 상하지 않는 게 특징이다. 게다가 솔잎을 떼어낸 자리에 참기름이 배면 그 고소한 맛은 형언하기 어렵다. 그것을 생각한 탓인지 가지를 다듬을 때마다 솔향에 취하는 날들이 딴에는 무척이나 행복하다.

그 솔가지로 차를 만들기 위하여 다듬노라면 촉감이 매끈하고 색깔도 참 예쁘다. 그저 일 년에 한 번씩 썩은 거름만 빙 둘러주었을 뿐인데 참으로 잘 자라주어 다듬는 마음을 흐뭇하게 해주는 솔가지를 보면서 설탕으로 꾹꾹 눌러 친구들이 오면 차로 내놓아야지 하며 혼자 중얼거린다. 남편과도 향기를 음미하며 마주 앉아 다정하게 마셔야지 싶다.

나이 들어 이제는 어린 소나무 보듬어 주듯 서로 아껴주고 살가운 마음으로 살아가야겠는데 어떻게 젊었을 때보다 더 아웅다웅하며 짜증 섞인 말이 오갈 때가 있다. 아무것도 아닌 것을 갖고 서로 왜 이러나 하며 소리를 높이고 뒤돌아 후회하는 날이 많다. 지금 이 솔향이 나는 차를 만들어 후회 없는 말로 부드럽게 위로도 하며 좀 여자로서의 품위를 지켜보아야겠다. 꾹꾹 눌러 솔잎차가 잘 익기를 바라면서 내재되어 있는 청솔가지를 아니 솔향에 버금가는 향기 나는 여자로 살가운, 조금 더 여자다운 모습으로 보드랍게 처신해야지 하고 다짐해 본다.

해당화 고운 바닷가에서

꽃밭의 해당화가 활짝 피었다. 줄기는 가시투성이에 잎은 거칠기만 한데 발그레한 꽃잎이 연연하게 곱다. 그런데도 어릴 적 바닷가에서 본 그 해당화 같은 느낌은 들지 않는다. 오죽하면 바다 해(海) 자가 들어간 꽃이었을까 싶다.

명사십리라고 하는 말이 생각났다. 원산 바닷가의 십리에 뻗쳐 있는 모래사장을 말하는데 밝을 명(明)자가 들어간 것을 보면 그 모래가 햇볕에 얼마나 밝게 빛나는지를 알겠다.

명사십리가 유명한 것은 모래밭 위에 피는 해당화 때문이다. 북한 땅이라 가볼 수는 없어도 얼마나 아름다운 이름이었던가. 내 살던 바닷가에서 해마다 피던 해당화 역시 스쳐 지나갔다.

원산의 거기처럼 십리까지는 아니어도 저녁이면 어우러지던 붉은 꽃 여울이 잡힐 듯 선하다. 모래사장 끝에 마을이 보이고 아름드리 소나무가 우뚝 솟은 그곳에는 해당화가 털이 보송보송하니 화려하게 피어 있었다.

학교가 파하면 또래 친구들은 바닷가에 모여들곤 했었지. 모래밭에서 고무줄놀이며 사방치기를 하다 보면 뉘엿뉘엿 해가 지고 바닷가에는 어스름이 깔리기 시작한다. 멀리 거대한 하늘과 땅이 맞물리는 곳에 수평선이 보이고 주변의 구름이 꽃처럼 피어나는 속에서 해당화는 환상의 꽃처럼 피어나곤 했다.

최근 똑같은 이름의 명사십리가 또 있다는 말을 들었다. 원산 해수욕장을 따라 내려오면 필경은 우리 마을 바닷가에 이를 테고 그래 명사십리보다 예쁜 이름은 없다고 했는데 전남 신지도에도 명사십리해수욕장이 있다고 한다. 밝을 명(明) 자가 들어가는 모래사장이라고 하는 원산 명사십리와는 달리 대신 울 명(鳴)자라고 해서 밟으면 모래가 소리를 낸다는 뜻인데 몽돌이 많은 전라도 쪽 해안이다 보니 그럴 법한 게 참 아름다운 얘기지 싶다.

모두가 해안으로 펼쳐진 끝없는 모래사장을 표현한 말이었으되 동해안 명사십리에는 해당화 꽃이 어우러져서 더 아름답게 느껴지는 것도 고향의 바닷가에 대한 향수 때문일까. 그나마 뒤늦게 귀촌을 한 뒤 애틋한 마음을 지우지 못하고 묘목을 심어 가꾼 뒤 올들어 처음 꽃을 보면서 명사십리에 대한 기억이 되살아났다. 가물수록 더 곱게 피던 바닷가에서의 풍경이 떠오른 것이다.

어릴 적 나는 해당화가 바닷가에서만 피는 줄 알았다. 색깔 역시 연분홍에 흰빛이 섞여 있어 그 또한 특이한 색깔에 잊을 수 없는 이 꽃이 내 고향 바닷가에서만 서식하는 줄 알았다. 특별히 우리 마을에 핀 해당화가 전부인 줄 알고 있다가 학교를 졸업하고 서울에 취직을 하면서 집집이 핀 것을 보았는데 그때 실망했던 기억이 있다.

나름대로 가졌던 해당화의 신비가 사라진 게 어린 소견에도 마음에 걸렸는데 그나마 위로를 받은 것은 얼마 후 아무리 지천으로 피어도 내 살던 바닷가 마을의 그것만치는 곱지 않다는 것을 알고 난 뒤였다. 요즈음 가뭄이 들어 대부분의 작물이 타들어가고 있는데 그게 해당화 꽃으로서는 훨씬 예쁘게 피는 계기가 된 것을 본 느낌이라고나 할지.

고향에서는 바람에도 짜디짠 소금기가 묻어나곤 했었다. 염분이 많은 바닷가의 땅은 비가 와도 금방 말라 버리고 바로 그와 같은 특유의 날씨 때문에 더 곱게 피지 않았을까 싶다.

바닷가의 꽃이라고 할 해당화가 우리 집에서 이 정도 피는 것은 가뭄 때문일 수도 있다. 바닷가에서 선명하게 피는 건 눈부신 볕과 소금기가 배어 든 바닷바람 때문이었고 햇살까지 비치면서 강렬한 꽃으로 피어났을 테니 우리 삶 역시 가물어 팍팍하고 메마를 때보다 산뜻한 의미를 연출할 수 있을 것 같다. 풍요로운 여건 가운데 보다 풍족한 삶의 이미지가 나올 것이나 유감스럽게 혹 그렇지 못할 때도 좋게 생각을 바꿀 수 있다는 뜻이리라.

그도 그럴 게 해당화에는 가시가 있었다. 해당화는 장미과에 속하는 관목이고 가시는 얼마나 많았던가. 가뭄이 계속될 때 수분증발을 최대한 막으려는 생존의 방편이었지. 가뭄에는 풍족한 물을 기대하기 어렵고 결국 생각해낸 것이 수분증발을 최소화하는 그것. 유월에 피는 장미가 가시 치레인 것도 비가 잘 오지 않는 특유의 절기 때문이겠다. 사막의 선인장이 수많은 가시로 제 몸을 덮어 수분 증발을 막는 것과 같은 맥락이었을까.

가뭄에도 유일하게 예쁜 해당화를 보고 잠시 무더위를 잊었다. 다행히 내일 아침에는 비가 온다는 예보고 그 때문인지 해거름이 되자 조금씩 선선해지기 시작했다. 비가 오고 나면 선명한 꽃잎은 빛이 바랠 테지만 밭작물은 금방 우긋하게 올라올 것이다. 오랜 가뭄은 농사에 적지 않은 타격을 줄 것이나 해당화처럼 여느 때보다 곱게 피는 경우도 있다. 혹 살면서 뭔가 부족하게 느껴질 때마다 자연스럽게 떠오를 것 같은 귀중한 섭리다.

해질 녘에

저녁이면 서쪽에서 서글퍼하는 듯하는 하늘과 바람이 불면 쏟아질 듯 출렁이는 바다를 볼 때면 언제나 스산함이 느껴진다. 노을 지는 정경은 한없이 호화로운데 보는 마음은 그저 고즈넉했다. 해가 지면 으레 저녁노을이 뜨는 것이거늘. 사위가 캄캄해질 때까지 나는 늘 생각이 많았다. 하루가 끝나는 데 대한 감상보다는 해가 지지 않으면 내일은 결코 오지 않을 것 같은 마음 때문이다.

오늘이 끝난다 해도 밤은 수많은 내일을 잉태하지 않던가. 해가 지고나면 별이 뜨고 이어 지금보다 더 찬란한 밤으로 이어지는 것을. 그러다 보면 지금 이 시간도 세월의 막대에 잠겨 끝내는 망각의 여울로 사라질 것 같은 느낌을 준다.

고향의 바닷가에는 저녁이면 또 다른 하루가 시작되곤 하였다. 정확하게 하루가 지는 것이지만 그 정도로 찬란한 노을이 뜬다는 것은 태양이 작아질수록 바닷물은 점점 붉어진다. 조금 전 누군가 끌어내리기라도 하는 것처럼 잠잠하던 것이 마침내 구슬만하게 될 때는 언제까지지고 그대로였다. 그렇게 얼마쯤 시간이 흐르면 이제는 할 수 없다는 듯 마지못해 산속으로 떨어진다.

아침노을이 하루의 시작이라면 저녁은 하루의 결말이다. 그러나 한밤중의 어둠이 아니고는 아침이 결코 될 수 없다는 것 때문에 우리는 힘든 하루를 견딜 수 있는 게 아닌가 싶다. 노을이란 해가 뜨고 질 때 공중의 수증기가 빛을 받아 벌겋게 되는 현상을 말한다 하지만 수증기가 많다는 것은 수분이 많다는 것이고 따라서 노을이 잦으면 비가 올 거라는 추측도 그에 연유하는 것 같다. 그걸 알면서도 새로운 의혹에 사로잡히곤 했으니 수증기가 반사되는 거라면 왜 해가 중천에 있을 때는 보이지 않고 서쪽과 동쪽에서만 노을이 지는 것일까. 수증기가 그곳에만 모여 있다고 할 수는 없는데 도무지 모를 일이라고 여겨지는 것은 괜한 그 무엇을 되씹고 싶은 나의 야릇한 감정으로서가 아닐까.

나 역시도 노을 지는 시점에 있음을 생각할 때가 있다. 얼마

안 있어 나도 저 눈부신 태양처럼 가라앉겠지. 어설프게 살아온 세월에 그 또한 누구의 잘못이 아닌, 나라는 생각을 하면서 늘 해질녘에 멍하니 지는 해를 보며 서글퍼 하면서 눈시울이 붉어지는 것은 나도 이제 늙어가는 것임을 느껴서겠지. 수증기가 많을수록 아름다운 노을이 뜬다는 사실이 예사롭지 않게 들린다. 나의 마지막 시점도 보다 색다른 것이 되려면 뭔가 남다른 것이 수반되어야 한다는 것임을 암시하는 것 같다.

노을은 자연적이지만 우리들 삶의 그것은 다분히 인위적일 수가 있다. 글썽이듯 붉게 충혈된 모습처럼 마지막에 선 것 같은 애틋한 심정으로 그려질 때 세월과 함께 황혼에 접어든 것 같은 아쉬움이 남는다. 세월이야 어찌 되었든 변하는 것은 나 자신이다. 아울러 그것을 태양은 가만히 있는데 노을이 진다고 표현하는 것과 같은 맥락에서 생각도 해 본다.

지는 태양이 아름다운 것은 아무래도 다시 떠오르는 때문이 아닐까 싶다. 날마다 지는 것인데도 또한 식상하지 않는 까닭도 어제의 그것은 아니라는 것 때문이다. 수많은 하루를 맞으며 또 보내는 동안 태양은 늘 새롭다는 경건한 메시지를 받게 되는 것이다. 나의 일상도 어제의 그것은 아니다. 무엇 하나 달라 보이지 않는 중에도 아쉬움 속에 지는 저 태양도 또 다른 하루로 태어나듯이 날마다 사라지는 것 같은 오늘도 또 다른 내일의 모태가 될 수 있음을.

어쨌거나 나 자신의 시점을 이제 막 지는 태양으로 생각하고 보니 마음이 좀은 그랬다. 노을이 그렇게 날마다 지는 거라면 볼 때마다 고즈넉해지던 마음도 무색해지지 않을까. 이렇게 해질녘에 서서 망상에 잠겨 보는 나 자신도 고즈넉한 이 모습에 오늘이야말로 거대한 하루의 단락일 거라는 생각을 해본 하루였다.

허기진 배를 채우던 시절

창밖으로 오월의 햇살이 가득 쏟아진다.

뒤뜰로 나가니 온갖 잡초가 무성하다. 여느 때라면 잡초로 볼 수밖에 없으나 신록의 5월이 되면 덩달아 싱그러운 초록으로 자리 잡는다. 길같이 무성할 때는 쑥대밭 같다가도 하늘이 갓 세수한 얼굴처럼 말개지기 시작하면 아까시 숲을 배경으로 한 묵정밭도 푸른 초원으로 바뀌는 것을.

옛날에는 잡초들의 이 풍만함을 느껴 볼 사이도 없이 이맘때면 보릿고개라 하여 무척이나 힘든 시절이었다. 머리를 디밀어야 쌀을 퍼낼 수 있을 정도로 항아리는 거의 바닥이 날 때다. 비는 오지 않아 모를 심기도 막연한데 쌀은 벌써 동이 났으니 어떻게 견디었을지. 그래 사람들은 송기를 먹고 나물을 잔뜩 뜯어 쌀은 눠만큼 넣어 죽을 쑤어 먹었지. 그때 하도 먹어서 지금도 죽을 싫어하는 세대가 있음을 보면 얼마나 절박한 상황이었던지 알 수 있다.

오랜 가뭄으로 나물도 말라 죽게 되면 죽도 먹을 수 없이 끝내는 간장을 물에 타서 마시기도 했다는 걸 어머니에게 들은 바가 있다. 우리 세대의 주부들 거의가 월급을 받으면 쌀부터 사들이는 모습은 어릴 때부터 수차례 들어왔던 보릿고개 이야기 때문이었음이다. 쌀부터 채워놓고서야 다음을 생각하는 여유가 생긴다. 인심은 곧 쌀광에서 난다는 거다. 그 시절에는 쌀을 파는 가게를 볼 때면 어찌하든 부자라는 생각이 들곤 했었다.

그런데 지금은 쌀이 푸대접을 받는 시기다. 쌀만 주식으로 하면 균형이 깨진다고 잡곡을 선호한다. 그만치 값도 훨씬 비싸다. 수수쌀 같은 것은 한 됫박에 만원을 웃돈다니 도대체 쌀보다 몇 배나 비싼 것인지 당혹스러울 때가 많다. 나 또한 습관이 되어 늘 잡곡을 먹는 편이나 어쩌다 미역국이나 토란국 등 맑은 장국을 끓일 때는 쌀밥이 훨씬 맛있다.

우리 마음 한 구석에는 쌀밥에 대한 향수가 자리 잡고 있는 게 아닌지 모르겠다. 이따금 아버지 생신 때 주발에 고봉으로 담은 하얀 쌀밥은 보기만 해도 배가 불렀었다. 쌀밥은 그야말로 특별한 날에만 먹는 별식이었다. 모두가 가난하게 살았던 시절 배를 곯는 게 습관이 된 세대는 하얀 쌀밥 한 번 양껏 먹는 게 소원이었던 걸 생각하면 영양식과 웰빙 식품에 밀려난 게 상전벽해(桑田碧海)와 같은 낯선 풍경으로 다가온다.

게다가 요즈음에는 미식가의 세상이 되고 말았다. 어디 어디 음식 별나게 잘하는 곳이 있다면 불원천리하고 달려가는 추세다. 어떤 음식이 좋다고 TV에 나오면 이웃 사람 모두가 그것을 화제 삼고 금방 사 갖고 와서 장만한다. 매실이 좋다는 바람에 그것을 담그지 않으면 유행에 뒤떨어진 사람 취급을 받게 생겼다. 다음에는 매실 외에 수많은 과일이 등장했고 지금은 하다못해 쇠비름 같은 잡초도 효소를 만든다.

하지만 어느 때 과연 이게 정석인가 싶을 때가 있다. 그렇게 들 오리지널 웰빙만 찾는 것에 비해 지금은 희귀한 병이 너무나 많다는 생각도 해본다. 옛날 부잣집 도련님은 병약한 대신 그 집 머슴의 아들들은 무병장수했던 일화가 떠오르기도 했다. 잘 먹는다는 게 수명으로 연장되는 건 아니라는 것일까. 잘 먹으면 그야 혈색이 좋고 건강해 보이지만 그런 사람이 한 번 병을 얻으면 오히려 치명타가 될 수 있다는 의미로 여겨진다.

아무튼 먹는 게 지천인 걸 보면 세상은 참 많이도 변했다. 배를 채우는데 급급할 정도의 환경은 아니어도 곳간을 비우지 않으려고 또한 조금이라도 늘려 먹으려고 늘 궁긍하던 어머니의 모습을 떠올린다. 가끔은 콩으로 죽을 쑤기도 하고 산나물과 바닷가의 해초를 넣어 밥과 죽을 끓였는데 생각하니 그게 웰빙식이고 영양식이었음은 어떻게 설명해야 될는지. 이따금 경치 좋은 호숫가를 지나다 보면 보릿고개를 넘으면서 물리도록 먹은 보리밥집도 흔하다. 가난해서 쌀밥을 먹지 못해 근근이 먹어온 죽과 보리밥이 그야말로 도시락 싸들고 찾아다녀야 하는 영양식이라는 걸 보면 아이러니할 때가 많다.

가끔 건강에 대한 집착 때문에 건강이 오히려 악화되기도 한다는 말을 들었다. 식생활은 결국 건강으로 직결되지만 건강을 위해 좋은 것만 찾아 먹으려는 이기심보다 허기를 견디다 못해 온통 나물뿐인 죽도 서로 나눠 먹던 인정이 오히려 진정한 건강으로 이어지지 않을까. 어릴 때 겪은 보릿고개에 비해 훨씬 잘 먹는 것을 보면 다들 건강해야 되련만 그렇지 않은 것을 보면 먹거리가 흔한 대신 인정이 고갈된 탓으로 볼 수밖에 없다.

흔한 말로 먹으면서 정이 붙는다. 오죽하면 식구라고 할 때 입 구자가 들어가는 걸 보면 게다가 밥이 넉넉하고 반찬이 풍족

할 때는 서로 권할 일이 없고 이렇다 할 정이 형성되지 않으나 먹을 게 귀하다 보면 서로 먹으라고 권하게 되고 그렇게 해서 정이 도타워지는 건 당연했다. 결국 가난할 때 먹었던 구황식품이 먹을 게 흔한 지금 별식으로 등장한 거라면 구태여 집착이 아니어도 소박한 식생활 가운데서도 건강을 도모할 수 있다는 생각을 해본다.

화선정(華仙亭)

화선정은 꽃과 신선이 있는 정자란 뜻으로 여기 오는 분께 꽃과 신선의 아름다움을 보여주고 싶은 마음으로 지은 정자(亭子)다. 남편이 산에 쓰러져 있는 소나무를 날라 와서 개울물이 흐르는 끝자락에 지었다.

아침 햇살이 퍼지면 화선정으로 간다. 창호지로 말갛게 투과된 햇살이 곱기만 하다. 처음 지을 때와는 달리 지금은 내가 더 치장을 하는 편이다. 문을 달고 유리를 끼우고 서예한 것을 천장(天障) 사이사이에 붙이고 옛것 몇 개 걸어 놓으니 멋스럽고 앙증맞은 모습으로 바뀌었다.

이웃들은 한창 바빠 이리 뛰고 저리 뛰는데 나는 창문을 열고

발을 내리고 신선놀음을 한다.

개울물이 유리창에 인화되어 반짝인다. 다리 뻗고 앉아 물소리를 듣고 볼 수 있을 때 눈에 비치는 모든 사물은 내 소유인 것이다. 개울물 건너 경운기 소리를 듣고 보니 수건 눌러 쓴 부인과 일터로 향하는 농부의 모습이 한 폭의 그림이다.

몇 해 전 처음 시골에 올 때는 정말 그런 생각으로 살았다. 드러난 그대로 자연적인 혜택만 생각했으나 지금은 힘겨운 삶의 현장을 체험하곤 한다. 힘든 농사일보다 아름다운 풍경에도 이유가 있을 것 같다.

깨끗한 물에 하얀 백로가 날개를 크게 저으며 너울너울 고전무용의 품새를 보여준다. 등 빛깔이 파란 하늘빛을 띤 청둥오리 한 쌍이 정답게 물고기를 잡아먹는지 오물오물거리고 있다. 아래 저수지에서 올라온 것을 처음 보고 일어나려는데 예민한 철새는 후다닥 날아가 버린다. 배라도 채우고 가게 할 것을 안타까운 마음에 괜히 일어났다 싶다. 앉아서 얌전히 내려다 볼 것을….

비온 뒤의 물속은 참으로 맑다. 물고기들과 철새들의 낙원이다. 이름도 고운 화선정에서 이렇게 맑은 향수와 마음의 풍요를 느껴도 될는지 들에서 일하시는 바쁜 분들께 죄송스러움을 금할 수 없다.

낭만으로만 생각했던 처음과는 달리 요즘에 와서 보면 시골살이는 머리가 아닌 몸으로 해야 함을 절실하게 깨닫는다. 아무리 고단해도 낮에 드러눕는 법 없이 밭을 일구고 풀뿌리를 뽑으며 일하는 가운데 흙에 대한 애착과 시골살이의 아름다움이 비쳐짐을 느낀다.

나는 서정이 흐르는 이 정자에서 농부들의 삶을 펜으로 그려 바깥 세상에 알리려 한다. 그리하여 자연속의 느긋함과 여유를 모든 이와 나누며 살고 싶다.

오늘은 유난히 개울물 소리가 은은하게 잦아들고 돌부리에 의지하는 것 같은 푸근함으로 이어진다. 얼마 전 S선생님으로부터 화선정이라는 당호를 받으면서 여기 이렇게 꽃과 신선이 아름답고 신비로움으로 탈바꿈하는 귀퉁이 땅에서 의연함마저 든다.

가을이 되어 노란색 꽃의 천년초와 빨강색의 꽈리가 서로 시샘이라도 하듯 필 때면 풍요함을 선사할 것이다. 모든 익어가는 것들에서 추수라는 명분이 우리 이 시골 마을에서의 흡족한 삶으로 다가오고 온갖 힘들었던 모습이 사라지는 또 한 해를 보낼 것이다.

인간사에서 가을의 거둬들이는 기쁨에서 살아가는 힘의 원천이며 행복추구의 고귀한 존재가치를 느끼는 것 같아 문득문득 가을의 향취에 취해볼 때도 있었다. 오늘 이렇게 작은 팔각정의 화선정에서 좋은 것만 생각하고 좋은 일만 행할 것을 다짐하여 본다.

훈훈했던 광복 70주년

날씨마저도 뜨거운 하루였다.

광복절을 맞아 모처럼 비원에 놀러왔다. 일제의 압박에서 벗어난 날을 기념하여 곳곳에서 광복절 행사가 한창이었다. 특별사면령이 내려지는가 하면 국립박물관에서는 70주년을 맞아 특별전시를 하고 곳곳에 무료콘서트가 열려 시민들이 참여하기도 했다. 여기 이곳도 광복절의 혜택을 받아 무료로 구경나온 터였다.

며칠 전 광복절의 기쁨을 경축하는 합창연습을 보았다. 광복절이면 해마다 열리는 행사였으나 올해 특별히 70주년을 맞아 아름다운 화음과 따뜻한 사람들이 모여 하나가 되는 멋진 날을 기념하기 위해 연습이 한창이었다.

이 합창단은 대한민국 사람이면 누구나 참여할 수 있고 노래로써 우리나라의 자부심과 긍지를 펼쳐 보일 수 있는 장이었다. 참여한 사람들은 각양각색이었는데 화음을 맞출 때만은 모두가 하나라는 생각이 들곤 하였다. 그것을 바라보는 나 역시 한없는 마음의 평화를 얻었다. 참으로 따뜻하고 훈훈한 모습이었다. 언제나처럼 늘 이 기쁨을 만끽하면서 광복 70주년을 기억에 남을 날로 기리고 또 기릴 것이다.

그중 특이한 것은 정치인들의 합창 모습이다. 당에 관계없이 모두가 입을 모아 연습을 하고 있다. 야당 원내대표의 "당이 다르면 사람도 다를 줄 알았더니 이렇게 화음을 맞추다 보니 모두가 같은 사람들이네."라는 말이 인상적이었다. 정치를 놓고 다툴 때는 그렇게 살벌하고 냉혹한 그들 역시 같은 합창단원으로서 진심으로 밝기를 기원하는 그날의 아침을 시작하는 또, 나라의 큰 울림은 대한민국의 남녀노소 모두가 하나 되어 모여들 수 있는 하나의 장을 이룰 수 있었다. 서로의 화합을 다지는 것으로 함께 모여 노래하는 게 가장 큰 힘을 나타내는 것 같다.

그 옛날 광복이 되기 전에도 한 마음으로 대한민국의 독립을 기원하였다. 수많은 젊은이들이 조국을 떠나 해외를 떠돌며 독립운동에 힘썼다. 그리고 모든 백성들은 힘을 모아 군자금을 마련하는 등 지원을 아끼지 않았다. 지금처럼 노래는 아니지만 위태로운 나라의 상황 앞에 온 민족은 하나가 되었었다.

이제 광복이 된 후 노래로써 한 마음을 다지는 행사를 보니 생각이 많다. 게다가 정치적 이권을 목전에 둘 때는 싸우기만 하던 여야 의원들이 원내 대표를 중심으로 한 마음이 되어 화합을 다지고 있다. 이러한 분위기라면 한 나라를 이끌어갈 힘으로 부상되지 않을까. 노래로서 여야가 하나가 되는 동안은 저마다의 고집 같은 것은 다 내려놓고 다만 조국만 생각하는 듯했다.

광복절이라면 1945년 우리나라의 자주 독립과 일본의 항복으로 제2차 세계대전이 종식되었으며 대한민국 정부가 수립되었다는 게 의미가 깊다. 그 다음의 뜻이라면 1948년에 대한민국 정부수립을 축하하고자 하는 의미를 동시에 갖고 있다. 수많은 경축일이나 기념일을 다 밀쳐 두고 광복절을 택해 민족이 모두 하나가 되면서 대한민국의 독립을 위해 노심초사한 그날을 축하하고 있는 것이다. 게다가 올해는 광복절 전날인 14일까지 임시 휴일로 제정되기도 했다. 단순히 특별연휴로 이어진 것뿐이 아닌 특별한 의미를 시사하고 있는 것이다.

70주년이라면 적지 않은 세월이다. 사람의 일생을 놓고 봤을 때도 그간의 궤적을 돌아볼 여지가 있는 기간인데 하물며 국가의 문제다. 정치적으로도 숱한 곡절이 있었다. 인식이 바뀌고 문화가 달라지면서 정서적으로 불안한 시기도 많았다. 그럴 때마다 분쟁이 만연했으나 해마다 한 번씩 광복절을 통해 서로가 하나 되어 나라를 지키는 민족의 단결이 있기에 세계적으로 빛나는 대한민국으로 발전한 게 아니었을까 싶다.

정권이며 문화 그리고 사회적 여건이 바뀌고 온갖 개혁이 일어났으나 광복절의 뜻을 새기며 기념하는 것만큼은 한 번도 거른 적이 없었기 때문이다. 물론 그 이외에도 국경일은 지켜지긴 했으나 우리나라가 독립이 되고 새로운 나라로 출범한 두 가지 이념을 동시에 수반하면서 이어진 특별한 국경일이었음을 다시금 새겨본다.

그에 걸맞게 모두가 한 마음으로 합창할 때의 마음을 되새겨 언제까지나 평화와 공존의 날만 되었으면 하는 바람이 간절하다. 우리나라를 상징하는 태극기 앞에 국민의 한 사람으로 훈훈했던 광복 70주년은 뜻깊었다고 자부하고 싶다.